pliegos de ensayo

D0709305

LA NOVELA NEGRISTA EN HISPANOAMÉRICA

SHIRLEY M. JACKSON
University of the District of Columbia

La novela negrista en Hispanoamérica

EDITORIAL PLIEGOS
MADRID

© Shirley M. Jackson

Depósito Legal: M. 20.990-1986

I. S. B. N.: 84-86214-17-3

Colección Pliegos de Ensayo

Diseño: Rogelio Quintana

EDITORIAL PLIEGOS

Gobernador, 29 - 4.º A - 28014 Madrid

Apartado 50.358

Printed in Spain

Impreso en España

por PRUDENCIO IBÁÑEZ CAMPOS

Cerro del Viso, 16

Torrejón de Ardoz (Madrid)

Í N D I C E

CAPÍTULO PRIMERO

El afrohispanoamericano

Se observará el tema del afrohispanoamericano en las novelas a través de las secciones tituladas: a) el afrohispanoamericano; b) el afrohispanoamericano frente a la sociedad; c) la novela, y d) los novelistas. El personaje afrohispanoamericano es el elemento clave de este estudio. Su vida en la actualidad como participante y contribuyente de la sociedad moderna ligada con la de sus antepasados en la formación de la civilización de las Américas que conocemos hoy día es lo que da importancia y unidad temática a esta investigación.

Presentación e identificación del ser afrohispanoamericano

Una pregunta que se oye con frecuencia, sobre todo en los países de habla inglesa, es «¿quién es el afrohispanoamericano?». La respuesta, como siempre, ha sido difícil de contestar a causa de las circunstancias que encierran el desarrollo de la vida del afrohispanoamericano en las tierras hispanoamericanas. Sería mejor plantear la cuestión de lo que pasó al africano y sus descendientes en las Américas. Ahí comienza el verdadero desentrañamiento de la identificación del afrohispanoamericano de la actualidad. En un estudio sobre el negro en México, explica un investigador contemporáneo lo siguiente:

> I was somewhat disturbed by the disproportionate emphasis that was being placed on the study of the black condition in the twentieth century in contrast to the slight attention that was being given to exploring the historical roots of that condition. ... It came as no surprise to me when I arrived in Mexico to begin my research that a Mexican graduate student insisted that I had certainly made a mistake

in coming to Mexico to study African slavery, since Africans had never been enslaved in his country! [1].

Claro está que no se puede negar el valor de las raíces africanas en el estudio del afrohispanoamericano. Aclara el etnógrafo mexicano Agüirre-Beltrán la importancia de este proceso:

El investigador que estudie la composición racial del México actual, y en muchos otros países latinoamericanos sin tener en cuenta los datos que proporcionan los documentos históricos, necesariamente llega a la conclusión de que en México sólo existieron negros en las costas de ambos mares, el Atlántico y el Pacífico. En una población donde el hibridismo ha tenido siglos de venir realizándose, resulta ímproba tarea, aun para el antropólogo físico más experimentado, determinar características somáticas negroides en los distintos grupos regionales que la integran... La influencia del negro, tanto en lo biológico como en lo cultural, no quedó limitada a las estrechas fajas costañeras: se ejercitó sobre los centros vitales de un amplio territorio [2].

Aunque este estudio no trate de la novela negrista mexicana, se va a observar, por un momento, otro fenómeno importante. Los países que yacen entre las dos Américas —Norte y Sur— se conocen hoy en día en algunos círculos del mundo científico como Mesoamérica. Los países de Mesoamérica son: México, Guatemala, Honduras y El Salvador. Según muchos críticos, la región de Mesoamérica conserva aún hoy día fuentes principales de la historia social y cultural de la tradición africana en las Américas.

Otro problema en la identificación del afrohispanoamericano es, según el crítico brasileño Carvalho-Neto [3], el desdén por el conjunto de las culturas africanos y su representación en la América Latina. Explica Carvalho-Neto las raíces de esta situación:

El escaso interés en algunos países latinoamericanos por el estudio de

[1] COLIN PALMER, *Slaves of the White God: Blacks in Mexico, 1570-1650* (Cambridge: Harvard University Press, 1976), pág. vii.
[2] GONZALO AGÜIRRE-BELTRÁN, *Cuijla: Esbozo etnográfico de un pueblo negro* (México: Fondo de Cultura Económica, 1958), pág. 9.
[3] PAULO DE CARVALHO-NETO, *Estudios afros* (Caracas, Venezuela: Universidad Central de Venezuela, 1971), pág. xiii.

los descendientes de africanos y por las culturas africanas, se ha debido a la pervivencia de prejuicios coloniales, traducidos muchas veces en discriminaciones raciales de diversa intensidad, procedentes del régimen de esclavitud que duró hasta el siglo xix. Tales prejuicios han alcanzado hasta a numerosos historiadores, folklorólogos, sociólogos y antropólogos, consciente o inconscientemente. Pocos han visto con objetividad el desarrollo económico y social del continente latinoamericano y sólo en tiempos recientes han surgido especialistas sobre culturas negras, sobre la participación de los esclavos en las luchas sociales, acerca del papel de negros en las guerras de independencia... Hoy día la historia de los esclavos constituye sólo un capítulo, y eso en tiempos recientes, en las historias generales, y sólo se dictan en las universidades cursillos o charlas ocasionales [4].

La identidad del hombre afrohispanoamericano, según el crítico venezolano Arturo Uslar Pietri [5], es un problema fundamental en toda la América española. Además, el problema de la identidad ha sido una preocupación dominante del pueblo hispanoamericano desde el siglo xviii. Dice Uslar Pietri:

Sucesiva y hasta simultáneamente muchos hombres representativos de la América de lengua castellana y portuguesa creyeron ingenuamente, o pretendieron, ser lo que obviamente no eran ni podían ser. Hubo más tarde la manía de imaginarse europeos en exilio en lucha desigual contra la barbarie nativa. Hubo quienes trataron con todas las fuerzas de su alma de parecer franceses, ingleses, alemanes y americanos del norte. Hubo más tarde quienes se creyeron indígenas... y no faltaron tampoco, en ciertas regiones, quienes se sintieron posesos de un alma negra y trataron de resucitar un pasado africano [6].

En la actualidad se considera a la gente de Hispanoamérica como una raza mixta de sangre de indios, europeos y africanos. Sin embargo, para el africano y sus descendientes, la época de la esclavitud dejó su señal singular, y esta estampa aún es obvia en las últimas décadas del siglo xx.

Para identificar a los africanos y sus descendientes, igual que los

---

[4] *Ibíd.*
[5] Arturo Uslar Pietri, *En busca del nuevo mundo* (México: Fondo de Cultura Económica, 1969), pág. 9.
[6] *Ibíd.*

otros miembros de la sociedad, se inventó en la América española un sistema clasificatorio que designaba la limpieza de la sangre de un individuo.

Se usaba este sistema para determinar (o excluir) al individuo que iba a formar la nueva nobleza hispanoamericana. Este arreglo determinaba a los individuos que iban a recibir los mayores privilegios y empleos más prestigiosos de la sociedad. En efecto, este sistema piramidal reservaba la cima de su pirámide para los individuos de pura sangre española y para ciertos otros blancos aristocráticos. Los individuos de menor categoría descendían la escala jerárquica hasta llegar a los rangos más numerosos que ocupaban los negros e indios.

El negro, en muchos casos, resentía su posición baja y perdió su orgullo de ser africano porque se veía relegado a una posición inferior. Es decir, que frente a este proceso de opresión cultural, el individuo negro psicológicamente se sentía incómodo aceptando el papel designado para él y se identificaba con personas que no eran de su raza. Olvidando su herencia africana se hizo, por ejemplo, venezolano o peruano. Lo que pasó fue que el negro no se comportaba como un negro oprimido. El identificarse con su herencia africana le hubiera impuesto una conducta de acuerdo con la identidad del negro de la época de la esclavitud.

En fin, fue tan elaborado este sistema clasificatorio que hasta de ello provino una profusión de nombres para designar las varias mezclas biológicas de los de aquella sociedad colonial. Por ejemplo, el hijo de un africano y una india se denominaba «zambo». El hijo de sangre europea y africana se declaraba «mulato». También había los negros de pura sangre «africana». Hasta cierto punto, este sistema de nombrar a los descendientes de los africanos continúa hoy día con términos contemporáneos como «afrolatino», «afroperuano» o el término de esta investigación, «afrohispanoamericano». Para ver otra faceta de este problema se debe consultar la obra sobre el mulato del novelista e historiador norteamericano Carl Degler. En su estudio, el profesor Degler [7] examina la situación de las personas mulatas que no se sienten ni blancos ni negros. Para concluir esta discusión sobre la cuestión de la identidad hispanoamericana, se ve que en las Américas hispanas, a diferen-

---

[7] CARL N. DEGLER, *Neither Black nor White: Slavery and Race Relations in Brazil and the United States* (New York: Macmillan Co., 1971).

cia de los Estados Unidos, sería difícil encontrar personas deseosas de reclamar su negritud si creen que con ello perderán los beneficios socioeconómicos que la fisonomía o educación blanca les haya proporcionado. Se debe aclarar aquí que en cierto modo la tendencia a hablar de «la raza negra», «la raza blanca», «el afrolatino» o «el mulato» parece ridículo por la razón de que cada ser humano pertenece a una sola raza, la raza humana. Sin embargo, debido a las circunstancias históricas tan familiares a todos, el clasificar a la gente por el color de la piel, el tipo de pelo o las proporciones de la sangre que uno lleva en las venas, este estudio utilizará los varios términos clasificatorios para señalar al africano negro y sus descendientes como se encuentran en las fuentes investigadas. A través de este trabajo se verán las palabras «afrohispanoamericano», «afrolatino», «los negros» o «la raza negra» usadas para designar a los africanos y sus descendientes. El término «mulato» identificará al hijo de europeo y africano. Los nombres como «afrolatino», «afrocubano», «afrocolombiano» o «afroecuatoriano» querrán decir todos los africanos y sus descendentes de un país particular.

Consideraciones culturales

Contrariamente a lo que se cree por lo general, la historia de los africanos y sus descendientes del Nuevo Mundo no comienza con la época de la esclavitud, sino en la más remota historia de la antigüedad, que tenía su origen en el continente de África. Esta historia, o sea, la historia socio-cultural del afrohispanoamericano, se explica mejor, quizá, por el concepto unamuniano de la «intrahistoria de una nación». Según esta teoría, se sabe que envueltas en la cultura vienen las tradiciones eternas del hombre universal [8].

Estas costumbres se expresarán por las sutilezas de la realidad vital, como los trabajos humildes, las ilusiones y preocupaciones del hombre anónimo y las pequeñas cosas cotidianas. Todo esto es lo que forma la intrahistoria de una nación y, en este caso, la del africano y sus descendientes por las tierras hispanoamericanas.

---

[8] MIGUEL DE UNAMUNO, *En torno al casticismo* (Buenos Aires: Espasa-Calpe Argentina, 1943), págs. 28-29.

De diversas maneras se explica el fenómeno de la cultura [9]. Representa la cultura la herencia social de una sociedad, y cada generación puede pasar sus tradiciones a los grupos sucesivos [10]. También, la cultura tiene la capacidad de resolver los problemas del hombre como constituidos por unos patrones totales de creencias, costumbres, instituciones, objetos y técnicas que caracterizan la vida de una comunidad humana. Según el antropólogo americano Norman Whitten [11], que comenta la importancia de ciertos conceptos culturales en las sociedades afrohispanoamericanas, muchos de los patrones culturales son a la vez abiertos y cubiertos, obvios y ocultos, manifestados y latentes, mundanos y sagrados. La importancia de estos fenómenos culturales del hombre para esta investigación es que hay que considerar todos los elementos del complejo cultural a pesar de su pequeñez. Explica la importancia de este elemento el antropólogo americano y precursor de estudios afroamericanos, J. A. Rogers:

> The history of man on this planet from prehistoric times until now is a continuous whole. There is no fact, however remote, that does not have a bearing of greater or less importance on the destiny of the whole human race. Much has been buried, lost, forgotten but within man's consciousness is a burning desire to know... All of this helps man to understand himself the more. It awakens possibilities of continued progress [12].

Central a la expresión de la cultura negra, sobre todo en las novelas de este estudio, es el hecho de que las expresiones culturales no son fenómenos estáticos, sino que varían en la expresión como el individuo del grupo de la diáspora. También, la expresión da la cultura varía de acuerdo con las circunstancias y experiencias del individuo. Explica este proceso el sociólogo americano Robert Staples:

> There is no uniforms Black culture to which all members of this

---

[9] Véase MELVIN L. DEFLEUR, WILLIAM V. D'ANTONIO y LOIS B. DEFLEUR, *Sociology: Human Society* (Glenview: Scott Foresman y Co., 1973), pág. 99.
[10] *Ibíd.*
[11] NORMAN E. WHITTEN, JR., *Black Frontiersmen: A South American Case* (Cambridge: Schenkman Publishing Co., 1974), pág. 3.
[12] J. A. ROGERS, *Africa's Gift to America*, rev. (New York: Helga M. Rogers, 1961), pág. 1.

group subscribe. No matter what source of Black culture is accepted... the Black response has differed according to certain norms, statuses, and areas that divide the Black population. We must also acknowledge that culture is not a static process for any group. It is an ongoing process that is continuously being changed by the mobility and actions of its members. Furthermore, some individuals, by virtue of their particular circumstances and outlook, will accept or learn only some parts of the culture and reject other aspects [13].

Además de declarar la existencia de una cultura negra en las tierras de habla española como afirmado por los investigadores Whitten, Ortiz, Herkovits y otros, se sabe, también, que ciertos elementos de la cultura africana se fundieron con otras culturas hispanoamericanas [14]. Es decir, que hoy unas culturas que antes sí lo eran, ya no están consideradas como culturas negras. Comenta este fenómeno Aguirre-Beltrán:

En efecto, las investigaciones antropológicas realizadas en los distintos países americanos han demostrado retenciones de rasgos culturales africanos no sólo en los remanentes discernibles de antiguos núcleos de población de indudable procedencia negra, sino también en otros sectores establecidos particularmente en regiones tropicales o subtropicales hoy en día no tenidos por negros [15].

Su relación al pasado

El afrohispanoamericano se relaciona con el pasado remoto y con la civilización contemporánea por su herencia biológica, social y cultural [16]. Por esta razón, para admitir cualquier interpretación de la novela contemporánea donde figura el hombre de sangre africana y, so-

---

[13] ROBERT STAPLES, *Introduction to Black Soviology* (New York: McGraw-Hill Book Co., 1976), pág. 58.

[14] Se debe recordar que la presencia africana en la América precolumbiana es de debate continuo en estas últimas décadas y que este trabajo no pretende investigar este tema controversial.

[15] GONZALO AGÜIRRE-BELTRÁN, «Influencias africanas en el desarrollo de las culturas regionales del nuevo mundo», *Sistemas de plantaciones en el mundo nuevo: estudios y resúmenes de discusiones celebradas en el seminario de San Juan, Puerto Rico, N.º 7* (Unión Panamericana, Wash., D.C.: 1960), 71-81.

[16] Para más información sobre este asunto véase a LEO WEINER, *Africa and the Discovery of America*, 3 vols. (Philadelphia: Innes and Sons, 1922).

bre todo, en este estudio, es menester considerarlo en su ambiente total, porque, según las investigaciones del historiador y novelista mexicano Vicente Riva Palacio [17], figura la raza negra entre los primeros grupos étnicos que poblaban las tierras hispanoamericanas.

La huella africana a lo largo de la historia, en las tradiciones culturales de Hispanoamérica, es a la vez evidente y enigmática. La investigación de la influencia africana en esta cultura es enigmática o compleja porque a veces las aportaciones que deben ser más obvias se nos escapan de la vista por razones del sincretismo [18] de la cultura africana e indígena y por otros motivos que se verán en este estudio. Rafael Girard [19], el ilustre antropólogo suizo y especialista en estudios indigenistas de las Américas, explica una situación semejante al comentar este concepto en la vida indígena. Dice Girard que, aunque los rasgos del pasado quedan anulados en apariencia, después de ser cuidadosamente reinterpretados, se revela que se hallan vivos y palpitantes en el presente. Hasta cierto punto, la situación actual de la existencia de la tradición africana en la cultura hispanoamericana es paralela a la del indio. Muchos aspectos de ambas culturas quedan confusos por ser olvidados, ignorados o malinterpretados por la sociedad contemporánea [20]. Rafael Girard [21] sugiere, por ejemplo, que, para resolver muchos problemas socio-económicos del indio moderno, se debe consultar el *Popol-Vuh,* donde el indio expresa la razón de su ser y hasta sus actitudes y acciones en varias situaciones culturales. De semejante manera, el estudio del africano como participante y portador de varios elementos culturales y la relación de estos participantes negros con la sociedad hispanoamericana, también se revela no sólo por un escrutinio de las literaturas precolombinas, como el *Popol-Vuh* y el códice maya del libro *Chilam Balam de Chumayel,* sino en los otros textos sobre la cultura que comentan el fondo básico del pensamiento antiguo de muchos grupos étnicos de hoy día en la América

---

[17] VICENTE RIVA PALACIO, *México a través de los siglos* (México: Ballesca y Compañía Editores, 1889), I, 63.

[18] IVAN VAN SÉRTIMA, *They Came Before Columbus* (New York: Random House, 1976), págs. 90-107.

[19] RAFAEL GIRARD, *El Popol-Vuh, fuente histórica* (Guatemala, Centro América: Editorial del Ministerio de Educación Pública, 1952), I, 14.

[20] FLOYD W. HAYES III, «The African Presence in America: A Bibliographical Essay», *Black World* (July, 1973), 4-22.

[21] GIRARD, págs. 11-21.

española [22]. Esta relación se manifiesta en parte por las creencias que han producido las instituciones y otros elementos de la sociedad actual [23]. Otro fenómeno de la cultura negra es que el contenido de muchos aspectos culturales que entran en una fusión de elementos tradicionales expresados por el sincretismo cultural de lo africano con lo indígena americano se pone de relieve a veces por varios estudios que anuncian la presencia egipcia en la cultura hispanoamericana [24]. Son interesantes las investigaciones de las últimas décadas del siglo xx, que destacan este fenómeno en la literatura hispanoamericana. Un ejemplo es el estudio del crítico literario americano Richard Jackson sobre «La presencia negra en la obra de Rubén Darío» [25].

La relación de Egipto con el resto del continente africano se confunde a veces en el siglo xx por la tendencia de muchos investigadores a dividir el continente africano en dos partes. Estos intelectuales separan la llamada parte blanca de África, situada al norte del desierto de Sahara, de la llamada África negra, cuyos países se sitúan al sur del desierto. El distinguido egiptólogo africano Cheika Anta Diop afirma que mantener esta dicotomía es olvidar la importancia histórica de las relaciones intercontinentales y la contribución negra en todos los aspectos de la cultura del continente africano [26].

Para otras evidencias literarias entre la conexión de Egipto, la América precolombina y los negros antiguos hay el estudio de los mormones [27], que examina varios textos antiguos, como la obra de Fernando de Ixtlilxochitl y el *Popol-Vuh*. Vale el estudio enciclopédico de los

---

[22] Véase ALPHEUS HYATT-VERRILL, *Old Civilizations of the New World* (Indianapolis: Bobbs-Merrill Company, 1929), págs. 143-155.

[23] Véase WEINER, III, pág. ix.

[24] Véase RAFIQUE A. JAIRAZBHOY, *Ancient Egyptians and Chinese in America* (Totowa: Rowman and Littlefield, 1974).

[25] RICHARD L. JACKSON, «La presencia negra en la obra de Rubén Darío», *Revista Iberoamericana*, 63 (January-June, 1967), 395-417.

[26] Véase CHEIKA ANTA DIOP, *The African Origin of Civilization: Myth or Reality*, trans. y ed. Mercer Cook (New York: Lawrence Hill and Co., 1974), pág. xiv, y JOHN G. JACKSON, *Ethiopia and The Origin of Civilization: A Critical Review of the Evidence of Archaeology, Anthropology, History and Comparative Religion According to the Most Reliable Sources and Authorities* (New York: The Blyden Society, 1939).

[27] Véase MILTON R. HUNTER y THOMAS STUARD FERGUSON, *Ancient America and the Book of Mormon* (Oakland: Kolob Book Co., 1950).

antiguos códices de D. Manuel Larrainzar [28], que relaciona la cultura
de Egipto con todas las culturas del mundo antiguo. De igual importancia también son las investigaciones del antropólogo Ivan Van
Sértima [29]. Otro estudio contemporáneo es la investigación copiosa e
importante sobre la historia antigua y moderna de África del distinguido historiador africanista Chancellor Williams [30]. El doctor Williams
traza la cultura negra de África desde 4.500 años antes de Cristo
hasta la actualidad.

Aunque mucha de la historia de la presencia africana en la América precolombina es tema de debate continuo, lo cierto es que, cada
vez más, esta presencia se verifica por pruebas científicas. Una investigación importante que sirve para aclarar las ideas sobre la presencia
de negros en la América precolombina es del antropólogo LeGrand
Clegg, citado abajo [31]. En su obra examina Clegg numerosas investigaciones antiguas y modernas citando estudios botánicos, antropológicos, arqueológicos, marítimos, históricos y lingüísticos.

El estimado historiador americano John Henrik Clarke afirma que,
aunque falten varias piezas en la cadena total, hay evidencia suficiente que revela la contribución negra a las Américas precolombinas. Dice
el profesor Clarke:

> The pre-Columbian presence of the Africans in what is called the
> New World has long been a subject for speculation. Any honest
> examination of the old and the new evidence relating to this subject
> will put all speculations to rest... The cultural and philological evi-
> dence to support the claim that Africans on the West Coast rose to
> such a high level of culture and maritime skill is more apparent

---

[28] D. MANUEL LARRAINZAR, *Si eciste [sic] el origen de la historia primitiva de México en los monumentos egipcios, y el de la historia primitiva
del antiguo mundo en los monumentos americanos.* México: Imprenta de
Ignacio Cumplido (1865), págs. 1-25.
[29] VAN SÉRTIMA, págs. 108-179.
[30] CHANCELLOR WILLIAMS, *The Destruction of Black Civilization: Great
Issues of A Race from 4500 B. C. to 2000 A. D.* (Dubuque: Kendall Hunt,
1971).
[31] LEGRAND H. CLEGG, II, «The Beginning of the African Diaspora:
Black Men in Ancient and Medieval America?», *Current Bibliography on
African Affairs,* Farmingdale, New York, Baywood Pub., N.os 11-12 (Nov-
Dec, 1969), 13-32; 13-34.

with each new book on the subject. The matter is out of the realm of pure speculation [32].

Resulta imposible, dentro de los límites de esta investigación, relacionar la temática de la novela negrista del siglo xx con la magnitud del aporte negro a las civilizaciones americanas. Pero, al fin y al cabo, se deben plantear algunas otras consideraciones necesarias del pasado remoto que figuran con mucha importancia en el alcance de una interpretación más auténtica de este trabajo.

El novelista contemporáneo Adalberto Ortiz [33] declara que mucha de la ciencia del pasado soslayaba el cuadro completo de los factores raciales entre el blanco, el indio y el negro en el mestizaje americano. Añade Ortiz que, felizmente, en las últimas décadas, parte del auge de la científica sistematización de los estudios arqueológicos y antropológicos está hoy en día conduciendo a sorprendentes revelaciones del pasado cultural americano en cuanto a la presencia de negros prehispánicos.

De la formación de las primeras culturas indígenas de las Américas que incluía al africano, dice el ilustre historiador mexicano Manuel Orozco y Berra:

> Mientras existieron los puentes de comunicación entre los continentes, los pueblos pudieron mezclarse y modificarse; pero rotas las comunicaciones, la raza americana quedó aislada, tomó en todas sus ramas el mismo aire de familia, y las diferencias sólo pudieron ser del tiempo y de las condiciones biológicas [34].

El estudio de Alexander Braghine comenta varias investigaciones afirmando la presencia de negros en el Nuevo Mundo. Aunque muchos estudiosos clasifiquen a los hombres que señala Braghine como «grupo de soñadores románticos»:

---

[32] JOHN HENRIK CLARKE, «The Impact of the African on the New World-A Reappraisal», *Black Scholar,* Sausalito, Calif., The Black World Foundation, Vol. 4, N.º 5 (February, 1973), 32.

[33] ADALBERTO ORTIZ, «La negritud en la cultura Latinoamericana», *Expresiones Culturales del Ecuador,* Quito, Ecuador, I (junio, 1972), 10-45.

[34] MANUEL OROZCO Y BERRA, *Historia antigua de la conquista de México* (México: Imprimido por orden del Supremo Gobierno de la República Mexicana, 1880), II, 438-439.

Quatrefages, LePlongeon, and Bancroft have proved that certain aboriginal negro tribes inhabited America not so very long ago. Some statues of the Indian gods in Central America possess typical negro features and certain prehistoric monuments there undoubtedly represent Negroes. We have, for instance, such statues in Teotihuacán, in Palenque, and a gigantic negro's head carved in granite near the Mexican volcano of Taxila. I have seen a statuette of a negro in the archaeological collection of Mr. Ernesto Franco in Quito (Ecuador). According to the opinion of local archaeologists, this statuette is at least 20,000 years old.

The autochthonous black races in America were either gradually mixed with the Indian ones, or became extinct, but in a very remote time Negroes, or Negroids, were numerous in the New World. It is possible, however, that some black individuals were drifted to America by the strong currents existing in the ocean between Africa and the New World. That was the opinion of Quatrefages. O'Donnelly proposes the same hypothesis, affirming that plants, animals, and men were probably carried from one continent to another by strong sea currents [35].

Recientemente a través de la escultura, la cerámica, la pintura y los antiguos monumentos, el historiador de arte mexicano Alexander Von Wuthernau [36] ha realizado un trabajo extraordinario sobre México, Centro América y los países de la América del Sur que investiga la presencia africana en las Américas. De suma importancia, también, es el estudio sobre la antigüedad del científico mexicano José M. Melgar [37], que documenta las primeras noticias del descubrimiento, en el siglo xx, de una cabeza colosal de tipo etiópico en Hueyepán. Sería más exacto referirse a este encuentro como un redescubrimiento, porque muchos de los indios de aquellas regiones ya sabían de la existencia de tales monumentos colosales por sus tradiciones.

[35] ALEXANDER BRAGHINE, The Shadow of Atlantis (London: Rider and Co., 1938), págs. 40-41.

[36] ALEXANDER VON WUTHERNAU, Unexpected Faces in Ancient America: The Historical Testimony of Pre-Columbian Artists, 1500 B.C.-1500A.D. (New York: Crown Publishers, Inc., 1975), págs. 135-195.

[37] JOSÉ M. MELGAR, «Estudio sobre la antigüedad y el origen de la cabeza colosal de tipo etiópico que existe en Hueyapán, del Cantón de los Tuxtlas», Boletín de la sociedad de geografía y estadística, México, Imprenta de Cumplido, III (1871), 104-109.

El estudio importante sobre la antigua cultura negra de las Américas fue hecho por el investigador ruso Rudolph Bershadsky [38]. Bershadsky comenta las investigaciones del arqueólogo peruano Daniel Ruzo, quien seguía la huella mítica de los indios de la mesa Marchausí para encontrar unos elementos significativos de la contribución negra en las primeras culturas del Perú. Sin embargo, son las investigaciones de C. Samuel Rafinesque [39], especialista americano de ciencias naturales, las más valiosas para entender la extensión cultural y territorial de varios grupos africanos en la América indígena antes de Colón. Explica Rafinesque:

> To many, this fact of old Black Nations in America will be new. Yet it is an important feature of American History, as well as the existence of primitive White Nations there still more numerous. To furnish a kind of insight into this subject, I will here merely enumerate the Black tribes of which I have found evident traces and remains in North and South America...
>
> —The Califurnams of the Carib Islands, called Black Caribs or Guanini by others, are a black branch of Caribs. See Rochefort, Herrera, &c. [sic]
>
> —The Arguahos of Cutara mentioned by Garcias in the West Indies, quite black.
>
> —The black Aroras of Raleigh, or Yaruras of the Spaniards, ugly black or brown Negroes, yet existing near the Orinoco, and language known, called Monkeys by their neighbours.
>
> —Chaymas of Guyana, brown Negroes like Hottentots, see Humboldt.
>
> —The Mangipas and Porcigis of Nienhof, the Motayas of Knivet &c., [sic] all of Brazil, brown Negroes with curly hair. See also Vespucius and Pigafetta.
>
> —The Negritas of Martyr in Darien, yet existing in Choco [sic]

---

[38] RUDOLPH BERSHADSKY, «Atlantis», Trans. David Skvirsky in *On the Track of Discovery*, Ser. 2 (Moscow: Progus Publishing Co., 1964), págs. 151-183.

[39] RAFINESQUE, SAMUEL, «The Primitive Black Nations of America». *Atlantic Journal and Friend of Knowledge: A Cyclipedic Journal and Review of Universal Science and Knowledge: Historical, Natural, and Medical Arts and Science: Industry, Agriculture, Education and Every Kind of Useful Information*. Philadelphia, Samuel Rafinesque Publisher, I, N.º 3 (September, 1832), 85-86.

under the name of Chucnas or Gaunas or Chinos. See Mollien. Ugly
black or red Negroes.
—Those of Popayan called Manabi, blackish with negro features
and hair. See Stevenson.
—The Guabas and Jaras of Taguzgalpa near the Honduras. See
Juaros, &c., [sic] now called Zambos...

Among these the Yarura language has 50 per cent of analogy
with the Gauna, 40 per cent with the Ashanty or Fanty of Guinea,
and about 33 per cent with the Fulah, Bornu and Congo languages
of Africa. In Asia it has 39 per cent of numerical affinity with the
Samang Negroes, and 40 per cent with the Negroes of Andaman as
well as those of Australia or New Holland[40].

En fin, se ve el concepto unamuniano de la «intrahistoria continua»[41]
que trae la revelación cultural de la vida cotidiana que desarrolla la
persistencia de las pequeñas creencias, ritos ceremoniales, mitos y leyendas a través de los siglos. Para mejor entender las realidades vitales del afrohispanoamericano de la actualidad, valen las palabras del
historiador Basil Johnston:

> If the Native Peoples and their heritage are to be understood, it is
> their beliefs, insights, concepts, ideals, values, attitudes, and codes
> that must be studied... it is in ceremony, ritual, song, dance, and
> prayer that the sum total of what people believe about life, being,
> existence, and relationships are symbolically expressed and articulated;
> as it is in story, fable, legend, and myth that fundamental understand-
> ings, insights, and attitudes toward life and human conduct, character,
> and quality in their diverse forms are embodied and passed on[42].

No se puede negar la importancia de la cultura olmeca en la exploración de la presencia africana en la América antigua. Según el historiador y pintor del arte mexicano Miguel Covarrubias[43], la cultura
olmeca representa la cultura madre de todas las civilizaciones indígenas
de Mesoamérica. También es a través de la difusión cultural de los

---

[40] Ibíd.

[41] Véase UNAMUNO, págs. 28-29.

[42] BASIL JOHNSTON, Ojibway Heritage (New York: Columbia Univ.
Press, 1976), pág. 7.

[43] MIGUEL COVARRUBIAS, Arte indígena de México y Centro América
(México: Universidad Nacional Autónoma, 1961).

olmecas donde se ven los rasgos negros más variados [44]. Con razón han sido numerosas las exploraciones de Mesoamérica realizadas por el investigador científico Matthew Stirling, del Instituto Smithsoniano, que siguió los pasos de José Melgar en la búsqueda de cabezas gigantescas y otras manifestaciones de tipo etiópico [45].

Apartándonos del tema un momento, vale la pena aclarar que la palabra etiópico, aplicada a este trabajo, no se refiere al país de Etiopía que conoce el mundo moderno, sino a un concepto más amplio que señalaba la presencia de negros de piel oscura, labios gruesos y nariz chata con pelo rizado y otras facciones típicas del hombre negro en el mundo antiguo de Europa, Asia y África [46].

Regiones de las costas de México como La Venta, Tres Zapotes, Cerro de las Mesas y hasta Monte Albán son los lugares declarados por la investigación científica como los principales centros ceremoniales de la cultura olmeca [47]. En estos mismos centros siempre se encontraban en las estratos más viejos de las excavaciones la huella fuerte de la tradición africana que se relaciona con toda la cultura Mesoamericana [48]. Valen estas palabras del historiador mexicano Riva Palacios:

> Pero la prueba perentoria de la antigua existencia de la raza negra en nuestro continente es que todavía se encuentran sus restos en él, y de otros nos hablan los cronistas primitivos... Todo esto viene demostrando que en época muy lejana, o antes de la existencia de los otomíes, o más bien invadiéndolos, la raza negra ocupó nuestro territorio cuando aún estaban unidos los continentes. Esta raza trajo ideas religiosas y culto propio. Más tarde fueron desalojados e impelidos

---

[44] The Museum of Fine Arts, *The Olmec Tradition* (Houston: Museum of Fine Arts, 1963), pág. 2.

[45] JEANNE REINERT, «Secrets of the People of the Jaguar», *Science Digest,* New York, The Hearst Corp., N.º 62 (July-December, 1967), 6-12.

[46] WILLIAM LEO HANSBERRY, «Ancient Kush, Old Aethiopia and the Balad es [sic] Sudan», *Journal of Human Relations,* Wilberforce, Ohio, Central State University, 8, N.ºs 3-4 (Spring-Summer, 1960), 357-387.

[47] Consulte la obra de Mario L. Palacios citada en la bibliografía de este estudio para más detalles sobre este asunto.

[48] *Mayas y Olmecas.* Segunda Reunión de Mesa Redonda sobre Problemas Antropológicos de México y Centro América, 27 abril 1942. Tuxtla Gutiérrez, Chiapas, México, 1942.

a las costas por los otomíes, o acaso se vieron obligados a buscar esos lugares calurosos, propios para su naturaleza especial, obligados por el enfriamiento que sufrió este continente con su separación y con los cataclismos de que fue teatro [49].

Para concluir, en verdad el continente americano es la tierra mágica vista por el ensayista colombiano Germán Arciniegas. Estas tierras fascinantes que yacían frente a Colón produjeron los mitos en los cuales los grandes poetas y novelistas americanos se han inspirado para recrear el pasado. Estos mitos han servido a la humanidad como llaves que abren las puertas del mundo conocido al mundo desconocido [50].

El tema del anhelo del pasado o la pérdida de la cultura indígena al mundo desconocido debido a la destrucción cultural de la conquista española, es lo que da uno de los sentidos más profundos al poema dramático *Canto general* del chileno Pablo Neruda. De igual manera, es la fuerza de la palabra cuando el novelista negrista de esta investigación, Díaz Sánchez, entona los secretos misteriosos que ocultan los bosques del suelo venezolano en su novela *Cumboto*. Se ven estos mismos bosques por todas las Américas, pero muchos de los secretos que se conocían han muerto con la generación antigua. Sin embargo, lo importante es que de alguna manera, persiste el pasado remoto en los recuerdos de la gente de las Américas. De vez en cuando estas memorias saltan a la vista por la magia física y espiritual de la realidad maravillosa que une el momento contemporáneo con la noche de la antigüedad. Ahí, quizá, está el recuerdo del origen de los «Juyungos» o los «monos» del mundo antiguo o los que llegaban luego en barcos.

Por estas realidades enigmáticas, latentes o subconscientes, que trascienden la época esclavista, la novela *Ecué-yamba-O*, de Alejo Carpentier, es la aspiración a desentrañar aquella realidad de Hispanoamérica en el siglo XX. Las angustias del negro africano y sus descendientes como el mulato Matalaché, culminan en los gritos que vienen del corral de negros de la actualidad, como los que viven en la isla de Chambacú.

---

[49] VICENTE RIVA PALACIO, pág. 64.
[50] Consulte la obra de Margaret McClear citada en la bibliografía de este estudio para más detalles sobre este asunto.

El afrohispanoamericano frente a la sociedad

La significación del afrohispanoamericano en la sociedad contemporánea

De diferentes idiomas, religiones, grupos étnicos, sistemas económicos y políticos, y, también, de varios valores y costumbres sociales, eran los primeros africanos y sus descendientes que iban a contribuir a la sociedad de las Américas que se conoce hoy. Además, debido a las circunstancias que encerraban el carácter de la larga historia de esta diversidad cultural del africano en su continente ancestral, los negros sobrevivieron a la época trágica de la esclavitud [51]. En la actualidad se sabe que los esclavos del Nuevo Mundo retenían ciertos elementos fundamentales de la cultura africana como una filosofía hacia todas las cosas del mundo, sistemas de organización social, económica y política, al igual que diversos hábitos, como el de llevar al niño a horcajadas en la cadera o el de cargar pesos sobre la cabeza [52]. También los africanos y sus descendientes desarrollaron por todas las Américas una nueva cultura negra basada en su herencia ancestral y, en parte, característica de las condiciones que regían la institución esclavista de la región geográfica que habitaban [53]. Por esta razón afirma Robert Brown, especialista americano en la lingüística negra de la América latina, que:

> El negro ha aportado elementos culturales al mosaico étnico latino-americano que reflejan con vigor su herencia africana. Como todo ser humano, el negro ha sido una fuerza creadora en la formación de su cultura. En la América Latina trasplantó, recreó y creó valores culturales en las artes plásticas, la música, la comida, el vestuario, la religión, la filosofía, la industria y la lengua [54].

---

[51] Véase CHANCELLOR WILLIAMS, págs. xv-xvi.

[52] Véase FRANCK BAYARD, «The Black Latin American Impact on Western Culture», *The Negro Impact on Western Civilization,* ed. Joseph S. Roucek y Thomas Kiernan (New York: Philosophical Library, Inc., 1970), págs. 287-335; AGÜIRRE-BELTRÁN, *Cuijla,* pág. 12.

[53] ROBERT STAPLES, págs. 60-69.

[54] ROBERT BROWN, «La aculturación lingüística del Negro en la América Latina», Conferencia presentada en Washington, D. C., en la Universidad del Distrito de Columbia en octubre de 1976. (Mimeógrafo), págs. 1-20.

En el mundo contemporáneo se ve, también, que el afrohispanoamericano se une a la contribución universal de África en su diáspora por
el papel activo que juega no sólo en el enriquecimiento de culturas,
sino en el papel jugado en la consecución de la libertad y la fundación de naciones [55].

*Descripción y caracterización de la sociedad actual donde vive el
afrohispanoamericano*

En la actualidad el afrohispanoamericano forma parte de la sociedad
multiétnica y multicultural. Declara el economista haitiano Franck Bayard en un estudio sobre este tema que:

> Over its almost five centuries of immigration, miscegenation, accultu-
> ration and assimilation, Latin America has evolved a unique continent
> of pluralistic ethnicity and cultural diversity. Multiracialism and mul-
> ticulturalism differentiate its modern national societies and social
> classes within each of its countries [56].

Frente a esta diversidad cultural y étnica de la América española, el
afrohispanoamericano se encuentra todavía en la clase baja de la sociedad, al lado de los indios. Comenta este fenómeno el antropólogo
americano Marvin Harris:

> The inevitable product of the Latin American slave system was a
> society divided into two sharply differentiated classes, with the higher-
> ranking of the two numerically small in comparison with stagnation
> which has been characteristic of lowland Latin America since the
> abolition of slavery, therefore, tends to reinforce the pattern of pa-
> cific relationships among the various racial groups on the lower-
> ranking levels of the social hierarchy. Not only were the poor whites
> out numbered by the mulattoes and negroes but there was very little
> of a significant material nature to struggle over in view of the gene-
> rally static condition of the economy [57].

Además, la cuestión de qué hacer con el nuevo ciudadano negro llegó

---

[55] FRANCK BAYARD, págs. 301-306.
[56] *Ibíd.*, pág. 327.
[57] MARVIN HARRIS, *Patterns of Race in the Americas* (New York: W.
W. Norton & Co., 1974), pág. 96.

a ser un tema principal entre el círculo de los intelectuales [58]. Desde entonces ha tomado un gran impulso en los estudios afroamericanos que continúan en la actualidad.

Afirma el historiador americano Leslie Rout [59], en un estudio reciente sobre el africano y sus descendientes en la América española, que la verdadera significación del afrohispanoamericano en la sociedad contemporánea es que todavía continúa siendo un factor dominante en los trabajos manuales que contribuyen al bienestar económico de los países hispanoamericanos. Además, para el afrohispanoamericano que aspira a ascender en la escala social de las Américas hoy día, las barreras son todavía más formidables que antes. Explica este hecho el distinguido historiador y antropólogo mexicano Juan Comas:

> The barriers to social mobility in an upward direction are formidable throughout Latin America. The assignation of class in the Indo-Mestizo countries and in some others with regional Negro population (e. g.) Venezuela and Colombia, is commonly based on ethnic (racial) considerations. The racial criterion is not generally used in countries where the Negro or Negroid element is large, although the tendency to do so seems to be increasing as the Negroes emerge from the lower class [60].

El afrohispanoamericano frente a la sociedad como legado histórico

En la actualidad el legado histórico del afrohispanoamericano es que se ve frente a una sociedad que no lo conoce bien. Para la mayor parte de los afrohispanoamericanos, la situación de su vida cotidiana ha cambiado poco después los primeros días cuando se hizo ciudadano. Explica esto el profesor Rout:

> Possibly the most striking factor in the history of the black man in Spanish America has been the absence of significant change in his overall position. Admittedly he is no longer in bondage, but, in his

[58] ROGER BASTIDE, *African Civilisations [sic] in the New World,* trans. Peter Green (New York: Harper and Row, 1971), pág. 1.

[59] LESLIE B. ROUT, JR., *The African Experience in Spanish America: 1502 to the Present Day* (New York: Cambridge University Press, 1976), pág. 318.

[60] JUAN COMAS, «Latin America», *International Social Science Journal,* París, UNESCO, XIII, N.º 2 (1961), 271-299.

deprived state, the Hispanic black or mulatto is generally excluded
from competing for society's premier awards and positions. The Spa-
niards brought the African to the New World to perform manual
labor; four hundred years later, this is still the primary function [61].

Aunque el indio y el negro se ven como miembros de la clase baja,
la situación de los descendientes de los africanos en la América española es diferente a la del indio, según las investigaciones de Rout:

> On the surface, the problem of the Negroids would seem to be
> nearly identical with that of the countless Indians and *mestizos* in
> Spanish America. Nonetheless, even though these peoples are poor,
> uneducated, and exploited by a wealthy minority that calls itself
> white, there are also significant differences. In Paraguay, the Andean
> states, and Mexico, a mestizo or even an Indian who speaks educated
> Spanish and wears Western clothes can become «white». Moreover,
> in Peru and Mexico and to a lesser extent in other countries, the
> creed of *indigenismo* has received official sanction, and a claim to
> Indian blood is, in varying degrees, fashionable. Note that in contrast,
> there is no place in Spanish America where blackness is encouraged
> by government fiat. While doing research in Bolivia and Paraguay
> in 1965, I met numerous top level diplomatic personnel and military
> officers who were distinctly of Indian ancestry. It is doubtful if there
> is any place in Spanish America where persons as distinctly Negroid
> as these gentlemen were Indian could occupy so many positions of
> power. To put it bluntly, the black and mulatto are «in» nowhere
> and are among the «have nots» everywhere [62].

Relación de las otras subdivisiones a este trabajo

La importancia del afrohispanoamericano en la sociedad de hoy es lo
que añade otra dimensión a esta investigación. Con una revaluación
de la literatura negrista, según los críticos de la actualidad, se ve que
los negros, junto con los indios, como ya se ha indicado, se encuentran
en su mayoría frente a la tradición jerárquica de una sociedad que todavía les reserva lo rudimentario de los bienes socio-económicos en
las naciones de las Américas [63].

---

[61] ROUT, pág. 318.
[62] ROUT, págs. 318-319.
[63] *Ibíd.*, pág. 318.

Mientras que la relación con la mayor parte de la sociedad trae
beneficios a los de sangre india debido a su capacidad para adoptar
las costumbres de la sociedad blanca, el negro, por lo general, distinto
al indio, se ve como víctima de un círculo vicioso que, de acuerdo con
Jackson y Cobb [64], le obliga a borrar o a negar nacionalmente su origen negro y hasta su contribución cultural a la sociedad hispanoamericana. Según los estudios de Richard Jackson [65], algunos críticos lite-
rarios declaran que a través del rapto físico, espiritual y cultural del
hombre negro, se puede reconocer la presencia de un patrón bien visible por el cual el negro se pone en contacto directo con la civilización occidental. Este proceso se llama el «linchamiento étnico». Se
dice que en Hispanoamérica este proceso a veces se oculta bajo los
nombres de «blanqueamiento», «miscegenación» o «mestizaje». El resultado de este hecho es que hoy día se ve por todos los países de
la América española un impulso fuerte para rectificar los errores del
pasado en la historia de los negros por parte de los intelectuales. Un
ejemplo de este impulso se revela en una investigación reciente sobre
la cultura puertorriqueña:

La historia de un pueblo resulta falsa e incompleta sin la presencia
de uno de sus elementos esenciales. Pretender conocer la cultura
puertorriqueña negando la verdadera aportación de uno de sus integrantes étnicos es querer mal conocerla. Desgraciadamente en Puerto
Rico se ha hecho eso... En casi todos los países en que ha existido
esclavitud negra o el coloniaje, el amo o el colonizador se ha encar-
gado siempre de escribir la historia a su manera. Es por eso que
aún hoy, los negros de todo el orbe, somos víctimas del racismo y el
prejuicio de las clases dominantes en las sociedades de diferentes
países. ... El libro *Narciso* fue escrito para nuestra realidad puertorriqueña, pero estamos convencidos de que es aplicable a las Antillas,
Brasil, Estados Unidos de Norteamérica, Colombia, Venezuela, Portu-

---

[64] Véanse RICHARD L. JACKSON, *The Black Image in Latin American
Literature* (Albuquerque: University of New Mexico Press, 1976), pág. 72,
y MARTHA K. COBB, «Africa in Latin America: Customs, Culture, Literature», *Black World,* Chicago, Johnson Pub. Co., 21, N.º 10 (August, 1972),
pág. 6.
[65] RICHARD JACKSON, págs. xi-21.

gal, España, Francia, Madagascar, Angola, África del Sur: para nombrar unos cuantos países [66].

La novela

Identificación y presentación de la novela negrista

El tema del negro o el africano y sus descendientes como asunto novelesco de la literatura negrista aparece en la primera novela hispanoamericana titulada *El Periquillo Sarniento,* de Fernández de Lizardi (1816) [67]. Algunos críticos llaman a esta obra, en conjunto con las novelas cubanas que atacan la institución de la esclavitud, la primera novela abolicionista de América [68]. Sin embargo, el año de 1837 marca una etapa muy importante en la trayectoria de la novela negrista hispanoamericana. Con la aparición de la novela *Francisco, el ingenio* o *Las delicias del campo* (comenzada en 1838 y publicada en 1880) por el cubano Anselmo Suárez y Romero, el negro llega a ser protagonista literario. Otras novelas importantes son *Sab* (1841), de la cubana Gertrudis Gómez de Avellaneda, y *Cecilia Valdés o la loma del ángel* (1882), de Cirilo Villaverde. Estas obras del siglo XIX inician el ciclo de las novelas abolicionistas que pintan detalladamente los males de la época esclavista.

Las novelas *Sab* y *Francisco* reflejan al esclavo que sufre y muere al perder a la amada al mundo blanco. Aunque *Cecilia Valdés* sea una novela de Cuba que vivamente describe las costumbres y tradiciones de la época, encierra dentro de su trama la historia trágica de la hermosa mulata Cecilia Valdés. En su manía de ascender la escala social para mejorar su vida, rehusa al amante negro por un hombre blanco. Luego descubre que el amado es su propio hermano. Termina Cecilia su vida en el manicomio, donde se encuentra con su madre que, también, es víctima de un pasado igual.

La novela maestra de toda la etapa romántica es *María* (1867), de

---

[66] Isabelo Zenón Cruz, *Narciso descubre su trasero: el negro en la cultura puertorriqueña* (Humacao, Puerto Rico: Editorial Furidi, 1975), I, xiii-xiv.

[67] Salvador Bueno, «El negro en *El Periquillo Sarniento:* Antirracismo de Lizardi», *Cuadernos Americanos,* México, CLXXXIII, N.º 4 (julio-agosto, 1972), 124-139.

[68] Richard L. Jackson, pág. 72.

Jorge Isaacs. Sale el autor de su tema costumbrista por un momento para juntarse con la literatura negrista que idealiza extremadamente la vida del negro. El cuadro costumbrista de Nay y Sinar lo aprovecha Isaacs para realizar un viaje exótico que le lleva a África. Luego vuelve al continente americano para trazar la vida esclavista de aquella pareja negra.

Hoy día el lector se da cuenta de que la mayor parte de la novelística negrista del siglo XIX que enfocaba al africano y sus descendientes en su medio esclavista se caracterizaba por una producción literaria que deshumanizaba al negro. Explica Richard Jackson:

> Many of these novelists, as we have pointed out, are well-intentioned. But the caricatures and stereotypes remain. And generalizations, such as inferiority of all black people, are advanced concerning the whole, based all too often on the interpretation of one individual. Many of these authors assume that blacks are inferior and expect their black characters to assume the same. Such assumptions could be expected in the nineteenth century when writers were just products of their times. Since then, however, the behavorial sciences have proved that races are not inherently superior or inferior. Some twentieth-century Latin-American writers who still exercise a nineteenth-century mentality on race apparently have not been convinced [69].

En el siglo XX se ve por todas las Américas una novelística negrista más importante. Estas obras han contribuido a la variedad temática del negro. Representa *Mene* (1936), de Ramón Díaz Sánchez, la primera novela venezolana que protesta, a través de una familia negra, de la explotación petrolera. Después, aparece *Pobre negro* (1937), de Rómulo Gallegos, que abraza el concepto de la miscegenación o la mezcla de las razas como una manera de salvar las nuevas naciones hispanoamericanas. Una novela importante de las últimas décadas ha sido *El último río* (1967), por el escritor afroecuatoriano Nelson Estupiñán Bass. El autor destaca con una malicia socarrona el problema racial que existe hoy día en su país. Al final de la obra sobrepasa este tema para pasar al gran contenido de la humanidad universal.

Las novelas *Matalaché, Cumboto: cuento de siete leguas, Ecué-yamba-O, Juyungo: historia de un negro, una isla y otros negros, Cham-*

---

[69] RICHARD JACKSON, pág. 133.

bacú: corral de negros, que serán tratadas en este estudio, forman parte de la temática negrista de las novelas ya discutidas. Además, estos autores dan la respuesta de la América española contemporánea a esta cuestión por el análisis y solución que ofrece su novelística frente a los problemas del africano y sus descendientes.

La significación de la novela negrista para este estudio

La significación de la novelística negrista para este trabajo es que señala una continuación en las últimas décadas del siglo xx de una tradición de novelas en la literatura hispanoamericana que toma, como temática principal, al africano y sus descendientes. Quizá lo más fundamental de esta investigación es que la verdadera temática del aporte africano que lleva la novela negrista, y, sobre todo, las novelas de este estudio, de los siglos xix y xx, es que tiene su origen en el mismo continente africano y su relación histórica con la América precolombina y España.

Claro está, el tema de cómo y cuándo se relacionan el afrohispanoamericano de la actualidad, el pasado remoto y la parte humana del negro que parece haber desaparecido como un elemento oculto de la sociedad, no será el enfoque de esta investigación. Tampoco se van a contrastar los elementos africanos que quedan intactos en el siglo xx con los que han desaparecido del negro para juntarse con los elementos indígenas o blancos en una transformación completa. Sin embargo, para este trabajo lo importante de ese pasado histórico en la vida socio-cultural del africano y sus descendientes, es no olvidarse nunca de la existencia de estos factores y el papel que juegan en la temática negrista de cualquier investigación. Todo esto figurará en el propósito de un entendimiento más hondo de la formación y desarrollo de los sentimientos de la colectividad negra que testimonia y documenta la novelística negrista investigada en este estudio.

La novela negrista y su relación con la novela nacional

La novela negrista es un género que se desarrolla simultáneamente con el romanticismo hispanoamericano del siglo xix. Se relaciona la novela negrista con la novela «nacional» de aquella época por ser parte consustancial de la expresión literaria de estos países. Como en el mundo entero, hoy en día muchos autores de la América Latina a veces ceden a la tentación de interpretar los acontecimientos de los distintos países desde su propio punto de vista. Los autores contemporáneos de la novela negrista, ofreciendo una especie de balance, se unen a esta expresión literaria para corregir muchas ideas falsas heredadas del pasado que probablemente hicieran creer que la literatura negrista era pobre de expresión.

Por lo general, se ve cierto hilo temático común en todas las novelas negristas hispanoamericanas. Predominan los temas de la religión, el ambiente socio-económico, la música, el amor de carácter interracial y los problemas especiales de los negros y los mulatos. En las últimas promociones de la novela negrista, aparece el tema de la protesta social que procede desde la expresión regional para fundirse con la novela nacional al abarcar a todas las víctimas de la opresión.

Se engrandece la temática de la novela nacional a través de la novela negrista, que forma lazos con el primer movimiento cultural de Negritud de África y su diáspora. Explica la profesora americana Miriam DeCosta:

> Afro Hispanic literature flowered in the thirties when the turn-of-the century cult of the Negro erupted full bloom into «Negrismo», «Negritud» and the Harlem Renaissance [70].

Afirma DeCosta, también, que según los primeros críticos de estudios afroamericanos, como Carter G. Woodson, John Hope, Franklin y Alain Locke, la Negritud no se derivó del modernismo. Fue más que un movimiento literario efímero. Era una literatura que se relacionaba con la historia:

> These early Afro-American scholars played a significant part in the discovery, appraisal and dissemination of materials (both historical and literary texts) which documented Black contributions to European and American society... There is an implicit relationship between literature and history, especially in the minds of scholars who insistently have viewed their race's creative works within the larger social context, eschewing the European, ivory-towered «l'art pour l'art» aesthetic and interpreting Poetry as instrument of Truth and Liberation [71].

---

[70] MIRIAM DeCOSTA, ed., *Blacks in Hispanic Literature: Critical Essays* (Port Washington: National University Publications, 1977), pág. 3.

[71] *Ibíd.*, págs. 3-4.

La novelística negrista es de valor incuestionable a causa de las tradiciones diversas y complejas que traen los africanos a las Américas. La temática de la novela negrista ofrece a la novela nacional una riqueza cultural que sólo puede servir para reforzar los vínculos que van desarrollando el bienestar nacional.

La novela negrista y su relación con la novela indianista

Se sabe, por lo general, que la novela indianista se relaciona con la novela negrista por su expresión de lo exótico y pintoresco que se hizo popular con la novela «nacional» durante la época romántica. La vuelta al nativismo llevaba la mano artística de la nación a dibujar al indio como un ser primitivo o salvaje y al negro como un antropoide en la memoria literaria. Según Richard Jackson, estas visiones del negro de las Américas forman la base para muchas creencias negativas sobre el afrohispanoamericano que perduran en la actualidad [72].

La otra parte de esta historia se debe a las primeras noticias del Nuevo Mundo que traen los cronistas españoles de lo que vieron en las Américas. Los conquistadores aún recordaban la guerra contra los moros. Pasada la etapa medieval, cuando España respetaba y admiraba a la población africana, la literatura que iba a heredar la América colonial poseía las semillas de avaricia, guerra, odio y repugnancia para los hombres de piel oscura [73]. Parte de esta falta de respeto seguramente se debía al hecho de que el hombre negro no practicaba la religión cristiana.

No todos los españoles se muestran como destructores de cultura. En su sincero deseo de servir a la humanidad, algunos se dieron cuenta, sobre todo los frailes misioneros, que si querían salvar el alma del indio, tenían que entenderle a él y su cultura. De esta intención espiritual surgió la relación y la salvación del aporte africano a la civilización precolombina que testimonia la literatura hispanoamericana.

En la actualidad, la América hispana intenta la reivindicación social del indio y del negro en su literatura. Un ejemplo donde se ve la relación de la novelística indigenista y negrista es a través de una observación de la novela *Mulata de tal,* del autor ganador del Premio Nobel Miguel Ángel Asturias. El novelista Miguel Ángel Asturias, co-

---

[72] RICHARD JACKSON, pág. 133.
[73] MARTHA K. COBB, pág. 6.

mo otros novelistas negristas, se dio cuenta de la importancia del pasado en la solución de los problemas corrientes de la América Latina. En la búsqueda de una respuesta moderna para el indio, penetró Asturias al alma del pueblo que vivía todavía sumido en la antigua cultura.

De acuerdo con esto, emplea Asturias la novela *Mulata de tal* para reanimar, a través de la figura de la mulata, al viejo espíritu lunario y eternizado que conservó los múltiples textos de las creencias cosmogónicas de la población indígena de las Américas[74]. La mulata de la novela *Mulata de tal* está encarnada simbólicamente en una de las fuerzas más destructivas del mal que reside en el hombre[75]. Por este personaje de la mulata, Asturias conduce al hombre a su nivel más bajo y le hace un ser monstruoso que se reúne con los dioses telúricos. La creación mítica de esta mulata grotesca y esperpéntica deja al hombre contemporáneo tendido entre el mundo de la realidad y el mundo mágico. La mulata es la personalidad desorbitada, alucinante y efímera que ningún hombre logra poseer por completo. Vive ella, en su vida novelística, los mismos trastornos que lleva la luna hoy día en su eterno curso solar.

Se subraya la relación de la novelística indianista y la novelística negrista en un paralelismo de la dimensión mítica de lo ancestral hispanoamericano. La misma discriminación racial, económica y cultural que causa que el indio sea víctima en las Américas hoy día, le empuja a olvidar u ocultar el elemento básico o indígena de su cultura.

El esoterismo de la novela negra y la novela del indio de que hablan varios textos de la literatura hispanoamericana puede traer la salvación del hombre moderno manifestando un tesoro de la sabiduría de las experiencias humanas del mundo antiguo[76]. La novela indianista y la novela negrista personifican estas fuerzas sobrenaturales, sean positivas o negativas, que duermen y palpitan en el hombre hispanoamericano de hoy.

---

[74] ADELAIDA LORAND DE OLAZAGASTI, «Mulata de tal», en *Homenaje a Miguel Ángel Asturias,* ed. Helmy F. Giacoman (Long Island City: Las Américas, sin fecha), pág. 264.

[75] ADELAIDA LORAND DE OLAZAGASTI, págs. 263-275.

[76] Véase RAFAEL GIRARD, *El esoterismo del Popol-Vuh* (México: Ediciones Stylo, 1948).

Los novelistas

Identificación y presentación de los autores como grupo e individualmente.

Los autores Enrique López Albújar, Ramón Díaz Sánchez, Alejo Carpentier, Adalberto Ortiz y Manuel Zapata Olivella, cuyas novelas se investigan en este trabajo, pertenecen al grupo de intelectuales hispanoamericanos que han aportado algunas de las mejores obras de la novela negrista. Estos escritores cultivan otros temas y géneros, pero las obras que se han escogido para este estudio son novelas negristas premiadas que conoce gran parte de la comunidad internacional. El valor de su contribución colectiva a la temática negrista se encuentra en la expresión del elemento regional de la cultura.

Todos los novelistas en conjunto escriben las obras de este estudio durante el siglo presente. También, cada autor se considera a sí mismo como hombre mulato u hombre afrohispanoamericano, a excepción de Alejo Carpentier, que nació en tierra cubana pero que era hijo de padre francés y madre rusa. El conjunto de la narrativa negrista que forma el análisis de esta investigación enfoca las experiencias del africano y sus descendientes desde los primeros momentos, cuando se abre el capítulo trágico de la época esclavista, hasta la actualidad, en que registra la voz hispanoamericana su protesta social. Por fin, los novelistas se acercan, en una especie de misión común, utilizando la novela negrista como un instrumento para exponer y adelantar soluciones frente a la problemática hispanoamericana que encierra la vida de los negros, blancos e indios.

Para dar a conocer mejor a los novelistas objeto de este estudio, ofreceremos un breve bosquejo de sus vidas. En orden cronológico comenzaremos con Ramón López Albújar, el novelista más antiguo.

Nace López Albújar en Chiclayo, Perú, en el año 1872. Casi inmediatamente después de su nacimiento vive en la región norteña y tropical de Piura, lo que le permite conocer al negro de la costa. Desde joven se le considera hombre de espíritu altruista y combativo. Estos rasgos permanecen en él toda la vida y forman parte del ambiente de muchos de sus cuentos que tienen lugar durante los años cincuenta de este siglo, cuando se exaltan las ridiculeces racistas y clasistas de la aristocrática sociedad limeña. Terminados sus estudios en la Universidad de San Marcos, ingresó en la carrera judicial, cosa que le dio muchas de las experiencias que refleja su obra novelística. Escribe mucho sobre el tema indigenista, pero es considerado por la crítica moderna el más polifacético de los negristas peruanos [77].

Su obra literaria se inicia con el poemario *Miniaturas* (1895), al que sigue *Cuentos andinos* (1920) que, a través de un estudio psicológico, ofrece un aspecto del indio de hoy, la biografía *De mi casona* (1924) y la novela de esta investigación, *Matalaché* (1928). También escribió una obra de criminología, *Los caballeros del delito* (1936), otros poemas, como los del volumen *De la tierra brava* (1938) y *Poemas afroyungos* (1938). Otras creaciones suyas son la novela *El hechizo de Lomayquichua* (1943) y la colección de cuentos *Las caridades de la señora de Tordoya* (1950).

En la novela *Matalaché* (quiere decir Ché, mátala) estiliza López Albújar la vida del protagonista José Manuel, un esclavo mulato de la costa del norte. El autor presenta a este personaje como superior a los otros negros a causa de su sangre blanca. Las pasiones y sentimientos de la obra siguen la vena romántica de la época al enamorarse el mulato de María Luz, la hija blanca del patrón. Queda ella encinta y al final de la obra su padre le concede la venganza asesinando a José Manuel, el Matalaché. Recoge la novela, también, la visión realista y psicológica del ambiente esclavista. Describe el autor varias costumbres y tradiciones de los negros frente a su tema predilecto de las ideas raciales y clasistas, que establecían divisiones entre los varios grupos humanos que habitaban aquella realidad.

El segundo autor de este estudio, Ramón Díaz Sánchez, nació en Puerto Cabello, Venezuela, en 1903. Murió en 1966. Díaz Sánchez siempre mostraba interés en el bienestar de la gente marginal de la sociedad. Durante su vida fue miembro del grupo literario «Seremos», y, como el juez-novelista López Albújar, y el autor cubano Alejo Carpentier, pasó un tiempo encarcelado por haber criticado públicamente los males de su país.

Este autor, ensayista, novelista, dramaturgo e historiador, se destaca por su contribución fundamental al conocimiento historiográfico.

---

[77] STANLEY CYRUS, *El cuento negrista sudamericano* (Quito, Ecuador: Editorial Casa de la Cultura Ecuatoriana, 1973), pág. 38.

40	SHIRLEY M. JACKSON

Este talento es lo que convierte a Díaz Sánchez en una figura intelectual de primera categoría en la América Latina. También es el carácter de *Cumboto* histórico lo que enriquece su contribución novelística a la historia literaria de la América española y, sobre todo, a
la temática negrista de las letras del continente.

Asimismo, escribió Díaz Sánchez las novelas *Casandra* (1957) y
Borburata (1960), pero las mejores obras negristas de Díaz Sánchez
son el ensayo del negro *Cam* (1932), *Mene* (1936) —la novela negrista considerada como la primera novela petrolera venezolana—, *La
virgen no tiene cara y otros cuentos* (1952) y su novela más famosa,
Cumboto, del año 1952. Bien conocidos también son sus ensayos que
tratan de la formación social y la política de Venezuela, *Guzmán, elip-
se de una ambición de poder* (1950) y sus crónicas *Historia de una
historia* (1941), *La Independencia de Venezuela y sus perspectivas*
(1960) y *El Líbano, una historia de hombres y de pueblos* (1967).

Con la publicación de la novela *Cumboto,* Ramón Díaz Sánchez
consigue una posición sólida en las letras americanas por ser escogida
esta obra como la «mejor novela publicada en Iberoamérica entre los
años 1945 y 1962». Le concedió a Díaz Sánchez este honor la Fundación Norteamericana William Faulkner.

A través de los ojos conmovedores del viejo negro esclavo Natividad, presenta la novela *Cumboto* (quiere decir con botes) la realidad
venezolana en un recuerdo de los días de su juventud. Traza el negro
la épica venezolana, epítome de toda América. Recrea la vida del africano negro y sus descendientes mulatos desde los primeros pasos trágicos que anticipaban la institución esclavista, hasta la terminación de
esa época, al crecer el hijo mulato, el patrón nuevo de los hacendados
restantes.

De todos los novelistas negristas abordados en este trabajo, quizá
el más conocido es Alejo Carpentier. Nació este autor en La Habana,
Cuba, en 1904. De joven, estudió la arquitectura, disciplina que le
permitió ofrecer en su primera novela, *Ecué-yamba-O,* cierto encanto
estructural y sabor espacial. Sin embargo, pronto abandonó esta carrera para dedicarse a otras disciplinas, como el periodismo, la música
y la antropología. De estas experiencias, de sus viajes europeos y de
sus copiosas lecturas, ha desarrollado Alejo Carpentier una técnica literaria que presenta una dimensión de su América como un mundo
real y maravilloso a la vez. Esta habilidad de penetrar las Américas

de una manera distinta, es lo que concede a la novelística de Carpentier un lugar meritorio comparable al que ocupan Jorge Luis Borges o Pablo Neruda. Murió Carpentier en 1979.

Entre sus numerosas publicaciones se destacan sus obras negristas, como las novelas *Ecué-yamba-O* (1933), *El reino de este mundo* (1949) y *El siglo de las luces* (1962). Con la llegada de la revolución cubana y el interés del siglo XX en la literatura de las Américas, crece la fama de Carpentier. Vuelve Carpentier del exilio a la Cuba de Fidel Castro y publica libros de ensayo como *Tientos y diferencias* (1961). Sus novelas de los últimos tiempos son *El recurso del método* (1974), *Concierto barroco* (1974) y *La consagración de la primavera* (1978).

Es interesante el hecho de que muchos de los temas de la producción literaria de una persona se anuncian varias veces durante la juventud. La novelística carpenteriana no es un caso aparte. Ligado este autor a los otros novelistas negristas por su espíritu activo, registro su protesta social con su primera novela *Ecué-yamba-O*.

En resumen, *Ecué-yamba-O* (quiere decir ¡loado seas! en el dialecto náñigo) es la obra que presenta una visión panorámica de la vida afrocubana de la isla de Cuba en los años 30 de este siglo. Menegildo Cué es el rebelde protagonista mulato que lleva al lector por las casas de campo hasta intimar con la vida de la gente urbana. Relata el libro su niñez, donde aprende su cultura, y su adolescencia cuando entra en el mundo blanco y conoce el amor de una mulata. Muere Menegildo prematuramente una noche navideña un poco después de salir de la cárcel. Cobra el libro valor principalmente por su documentación de las prácticas de la medicina tradicional africana, los ritos religiosos de los varios grupos étnicos de ascendencia africana que se fusionan con los ritos católicos de la fe cristiana y las ceremonias de la iniciación que revelan las fórmulas de encantamiento. Todo esto, y aún más, es la cultura de la colectividad africana que hibridiza la Cuba contemporánea.

Paradójicamente, es la novela *Concierto barroco,* de 1974, la que revela la conexión continua con la novelística negrista de la actualidad. Esta novela es la que hace consciente a la nueva Cuba posrevolucionaria y, por extensión, a toda América, de la necesidad de volver a los orígenes para recobrar lo bueno y extinguir lo malo de su pasado para comenzar de nuevo el futuro de su nación.

En su estudio sobre Alejo Carpentier explica González Echevarría
la importancia de *Ecué-yamba-O* y *Concierto barroco:*

> In his latest phase Carpentier traces a return, a recapitulatory journey
> through his fiction, to erase and reconstitute its point of origin. The
> new version that emerges is one where the crack at the core of
> *Ecué-yamba-O* is covered through recourse to that part of the novel
> —the urban, mixed underworld of cultural clashes and indiscriminate
> assimilation— where hybridness reigns and where the textemerges
> as the selfconscious outcome of manifold traditions [78].

En *Concierto barroco* los protagonistas principales son un mexicano
rico y su sirviente negro. Viajan los dos a la Europa del XVIII, donde
llegan a «contaminar» esta cultura con elementos indios y africanos.
La fusión cultural de componentes europeos, indígenas y africanos sue-
na como una rara sinfonía fantástica de desacuerdos culturales que
recuerdan la civilización hispanoamericana. El indígena mexicano, dándose cuenta que su españolismo es una entidad, ya muy remota, y
que al fin y al cabo, es más americano que español, regresa a América
donde su sirviente negro ya le iguala, y donde por fin el trigueño criado sale por su lado como hombre libre. En este sentido, Carpentier
establece lazos con los otros novelistas negristas del siglo XX que aban-
donan la imagen falsa del negro estereotipado para encarnar a sus protagonistas de herencia africana con valores de libertad, rebelión y dignidad. Explica Richard Jackson esta significación de la obra carpenteriana:

> Carpentier wrote one major novel about the black during the Afro
> Cuban Movement and then repeatedly returned to him throughout
> his later work. From the Cuban black he moved to the Haitian
> black and from there to blacks in the whole Caribbean area, culminat-
> ing with implications for the whole question of black rights and
> freedom... With Carpentier and other twentieth-century Cuban no-
> velists who take slavery as a theme we are far removed from the
> false tears and distorted images of the black in the ninteenth-century
> anti-slavery novels. In these contemporary novels, the black portrayed
> in slavery is no longer the artificial self-hating, resigned object of
> insincere abolitionist propaganda; nor is he the picturesque primitive

[78] ROBERTO GONZÁLEZ ECHEVARRÍA, *Alejo Carpentier: The Pilgrim at
Home* (Ithaca: Cornell Univ. Press, 1977), pág. 272.

«discovered» by the white practitioners of poetic Negrism. In these novels the black has become the incarnation of freedom, rebellion, and human dignity [79].

Adalberto Ortiz procede de la provincia negra y mulata de Esmeraldas, en el Ecuador. Nace el autor en 1914. Respira durante su juventud la atmósfera de las sobrevivencias africanas de esta región. Las varias creencias sobre los dioses mitológicos, las tradiciones y costumbres antiguas y la filosofía vitalista de aquella diáspora africana serán los elementos que Ortiz incorporará en su obra a través de su carrera literaria. Son estos rasgos de su narración los que le ganan a Ortiz la fama de ser una de las figuras máximas de la literatura negrista con su obra clásica *Juyungo: historia de un negro, una isla y otros negros,* que escribe en 1942.

La vida intelectual de Adalberto Ortiz le liga a varios cargos ministeriales de tipo diplomático y educacional. El autor ha viajado por Europa y los Estados Unidos, donde en el año 1978 se vio designado como «Distinguished Visiting Professor» en la Universidad Howard de Washington, D. C. En este mismo año hizo el novelista una exhibición artística de sus muchos cuadros, donde estiliza la realidad mítico-poética de su obra literaria.

La palabra «juyungo» en la lengua de los indios cayapas quiere decir «mono», «diablo» o «malo». La novela del mismo título traza la vida del protagonista negro, Ascensión Lastre, que recibe el apodo de «juyungo» cuando vive por un breve período entre los indios. En la búsqueda de una vida de dignidad, se rebela Lastre contra los efectos de la existencia cotidiana que impone el racismo para los de piel oscura como él. Pero aprende «Juyungo», al terminar la obra, el verdadero valor de la justicia para todos los hombres cuando ve que los blancos, mulatos y negros se unen en una causa común muriendo juntos en una guerra brutal.

Con esta novela documental Adalberto Ortiz se une a la novelística negrista norteamericana de las últimas décadas al simbolizar en el protagonista negro una imagen fuerte de «black pride» y «self respect» (el orgullo de ser de la herencia africana) para el hombre negro [80].

---

[79] RICHARD JACKSON, págs. 66-67.
[80] RICHARD JACKSON, págs. 100-105

Conocen un público amplio las obras poéticas suyas como *Tierra, Son y Tambor* (1940), *Camino y puerto de la angustia* (1945), *El vigilante insepulto* (1957) y *El animal herido* (1959). Gana el Premio Nacional de su país por su novela *El espejo y la ventana,* de 1967, y por el famoso cuento *La entundada,* que titula la colección que contiene éste y otros cuentos.

En la actualidad Adalberto Ortiz radica en su país, Ecuador, donde recoge, a la manera de la tradición oral africana, los cuentos atávidos que sobreviven a las varias creencias y costumbres africanas en la realidad contemporánea del Ecuador.

Manuel Zapata Olivella, el último autor de este esquema cronológico, es el novelista negro más conocido de Colombia. Además de ser el autor más joven de este grupo, su obra literaria rápidamente está dándose a conocer a un público más vasto, que no sólo incluye lectores de los varios países de la América Latina, sino también de los Estados Unidos y Europa.

Nació Manuel Zapata Olivella en Córdoba, Colombia, en 1920. Cursó estudios de medicina y su pasión por la psiquiatría es obvia en sus ensayos, dramas, cuentos y novelas. Tiene Zapata Olivella mucho interés en los aspectos folklóricos de su país, que lo ha llevado a la fundación de un grupo de danzantes folklóricos colombianos. Bajo su dirección, este grupo recibió el Primer Premio en el Concurso de Danzas Folklóricas Hispanoamericanas celebrado en España en 1958. Es la parte africana de su interés folklórico la que va a incluir en su novela *Chambacú: corral de negros* que investiga este estudio.

En 1976 recibió Zapata Olivella el honor de ser «Distinguished Visiting Professor» en la Universidad Howard de Washington, D. C. Allí daba conferencias de sociología hispanoamericana y literatura negrista de la diáspora africana. De interés especial eran las materiales visuales que acompañaban a sus charlas.

Las obras principales de Zapata Olivella incluyen los relatos de *Pasión vagabunda* (1948), *He visto la noche* (1953), donde comenta las experiencias de pobreza y hambre que tuvo en los Estados Unidos, y el drama *Hotel de vagabundos* (1955). Comienza su mejor producción novelística con las novelas *La calle 10* (1960), *Detrás del rostro* (1963), *En Chimá nace un santo* (1964) y la objeto de este estudio, *Chambacú: corral de negros* (1967). En el año 1974 publica la colección de cuentos *¿Quién dio el fusil a Oswald?* y *El hombre co-*

lombiano, que explica históricamente la cultura india, blanca y negra de su país.

Chambacú: corral de negros es la novela que describe la miseria en que vive una familia negra en la Colombia de hoy. Presenta Zapata Olivella el barrio negro de la isla de Chambacú, en los alrededores de la ciudad de Cartagena. A través de las experiencias de esta familia negra después de la guerra de Corea, y de la cual también forma parte Inga, la mujer suiza (y blanca) de José Raquel, se denuncia una de las condiciones de la vida más inhospitalarias de la contemporaneidad hispanoamericana. Sin embargo, esta comunidad oprimida, semejante a muchas otras en el mundo, es también el germen del espíritu activista que materializa en Máximo, el otro hijo de Coteña. Es Máximo la figura enérgica e independiente, y en realidad es el protagonista de la novela. Encabeza Máximo el sentimiento de protesta social de la comunidad al hacerse líder del corral de negros en un acto revolucionario que resulta en su muerte al final de la novela. Termina la obra con la cuestión pendiente para los de Chambacú: ¿cuándo verán ellos una vida mejor?

La significación e importancia de los novelistas estudiados

La significación principal de los novelistas estudiados aquí es que su obra colectiva representa un mensaje artísticamente expresado para la humanidad. A diferencia de la época romántica, cuando la literatura idealizaba al negro como el esclavo exótico, contento, humilde y leal, los autores retratan al protagonista negro ahora como víctima arbitraria del destino. A la vez, los escritores muestran los sentimientos interiores y exteriores de negros que revelan el carácter verdadero de la sociedad y su relación con los miembros blancos e indios ante una problemática común. Algunos novelistas ofrecen soluciones históricas, pero también muestran unas fuerzas destructivas que amenazan a la sociedad entera con su intento de eliminar el aporte negro a su cultura. A través de la temática negrista que investiga este trabajo, los novelistas se unen al movimiento de la negritud en su examen de las raíces profundas del choque socio-cultural del africano y sus descendientes en las Américas.

Relación y función de los autores

Los novelistas de este trabajo se relacionan en una función de reprochar a la literatura previa del «negrismo» o de la «mulatez», la literatura «negra», «afroantillana» y «afrohispanoamericana» por no haber retenido más que el aspecto superficial y folklórico de la condición de los negros de las Américas. Con la estética lírica, mística, romántica, determinista e independiente, los novelistas estilizan una temática negrista que revela las interrelaciones humanas. Estos autores, en una acción colectiva, asimilan, documentan y desarrollan una temática negrista hacia una expresión más auténtica de la actualidad.

Relación y función de los autores para el siglo XX

Las páginas de la novelística negrista dan evidencia de lo que pasó al africano y sus descendientes, según la interpretación de estos autores. Los nombres pueden ser ficticios, pero la investigación moderna del campo sociológico, antropológico y artístico conoce a estos protagonistas por la huella histórica que han dejado.

Los novelistas revelan la queja de los «Juyungos» del mundo en la búsqueda de la educación, la luz eléctrica y la alimentación. No obstante, esta queja negrista no termina aquí. También de la realidad contemporánea hispanoamericana viene el mensaje olvidado que refleja misteriosamente los atributos de los afrohispanos a través de los museos al aire libre de Mesoamérica. La historia de estas piezas artísticas son los sueños secretos que ocultan las tierras hispanoamericanas. Pero estos sueños también son los hechos simbólicamente estilizados en la literatura sagrada del *Popol-Vuh* y el *Chilam Balam* de *Chumayel*. En el alma de los primeros africanos que llegaban «con bote» o *Cumboto* a las regiones de las Américas, era el mensaje tradicional conservado para los descendientes que en la actualidad continúan el *Ecué-yamba-O*. Todo el sufrimiento y angustia de una negritud tradicional e histórica cristalizan en el sexualismo que amenaza una herencia divina para los personajes de *Matalaché*.

Estos novelistas negristas, a través de su obra colectiva, sirven a la humanidad revelando la destrucción de la guerra, la pobreza y la discriminación. La voz de la temática negrista de esta investigación lleva su eco no sólo a los países de habla española de las Américas, sino también hasta Haití y el Brasil. Es, en fin, un eco literario que trasciende lo regional para alcanzar el llanto universal.

CAPÍTULO II

La importancia y la significación del tema de la realidad socio-económica en las novelas

El tema de la realidad socio-económica en las novelas aquí tratadas es importante porque subraya el medio donde se mueve el hombre afrohispanoamericano en las tierras de Cuba, Venezuela, Colombia, Ecuador y el Perú. Dentro de un ambiente singular de estos países, se destacan varias fuerzas sociales y económicas que ligan al hombre negro, al mulato y al zambo en una lucha común para sobrevivir. Se manifiestan ciertos rasgos físicos y culturales que les señalan al africano y a sus descendientes como un grupo de individuos distintos a los indígenas y blancos de la sociedad latinoamericana. Pero para alcanzar el verdadero significado de la realidad socio-económica de las Américas, se debe intentar comprender cómo percibe el afrohispanoamericano su mundo particular. Central a este concepto es la herencia de la vida tradicional de África que transmitían los esclavos a sus descendientes en el Nuevo Mundo.

Cuando el africano se vio arrancado de su tierra ancestral para formar parte de la trata esclavista, sintió un vacío profundo no muy fácil de describir. Sin embargo, el triste inmigrante, por fuerza, sobrevivió a este momento angustioso para continuar la vida en las tierras hispanoamericanas. Aunque el africano dejó físicamente a su tierra natal con su sociedad singular, no dejó allá la parte de su persona que llevaba su orientación espiritual, como atestiguan las obras de esta investigación.

Del África, el esclavo hispanoamericano trasladó las ideas de su mundo tradicional a sus descendientes del Nuevo Mundo. Según el psicólogo americano Wade Nobles [1], esta ideología trasladada formaba pardte de una conciencia colectiva que heredó el afrohispanoamericano de sus antepasados de la Madre Patria. Es esta herencia africana la que va a colorear cada aspecto de la nueva vida que el africano va a formar con la cultura indígena y europea de las Américas. Es a través de esta conciencia colectiva del hombre negro, mulato y zambo de estas novelas donde se puede ver la formación, el desarrollo y la evolución del elemento africano en la cultura nacional de la América española.

En fin, surge el afrohispanoamericano de estas novelas como una entidad dinámica de la realidad y, sobre todo, sirve el negro como una de las fuentes principales que dan la forma y el carácter del orden socio-económico de las Américas.

La representación del tema de la realidad socio-económica en las novelas

La representación del tema de la realidad socio-económica en las novelas se manifiesta por cuatro fenómenos fundamentales. Estos son: 1) los elementos de la realidad socio-económica; 2) la comunidad afrohispanoamericana como eje del orden socio-económico; 3) la familia afrohispanoamericana, y 4) el afrohispanoamericano frente a la fuerza bélica.

Los elementos de la realidad socio-económica

La naturaleza

La naturaleza en estas novelas juega un papel importante en la vida del africano y sus descendientes en el Nuevo Mundo como medio donde se mueven y con la cual se unen. La naturaleza va a ser el elemento que colorea la percepción de su mundo particular.

En el África tradicional la naturaleza es parte de la creación del universo de un Dios único [2]. Dentro de esta creación divina habitan

---

[1] WADE W. NOBLES, «African Philosophy: Foundations for Black Psychology», *Black Psychology,* ed. Reginald Jones (New York: The Free Press, 1972), págs. 18-32.

[2] JOHN S. MBITI, *African Religons and Philosophy* (Garden City: Doubleday and Co., 1969), págs. 50-62.

el hombre, la flora y la fauna y otros elementos y fenómenos del universo. Todas estas creaciones orgánicas e inorgánicas llevan la impronta de Dios y poseen una fuerza vital. El africano percibe el ambiente de su comunidad como parte de un universo espiritual donde todo en esta creación divina se combina en una armonía total que a cada instante manifiesta el reflejo de Dios. Si algo ocurre que estorbe este proceso eterno, el africano siente una fuerte obligación de hacer todo lo posible para restablecer el orden. A base de esta orientación filosófica y religiosa construía el africano sus sociedades y desarrollaba sus culturas en África y en América. Es la novela *Ecué-yamba-O* la que subraya esta conexión espiritual por todas las Américas, pero son las otras novelas de esta investigación las que estilizan varios aspectos de este sentimiento fundamental.

En las novelas, la naturaleza del medio afrohispanoamericano forma parte del sistema ecológico del mundo que se interrelaciona por los varios componentes físicos [3]. Algunos de estos componentes se manifiestan por varios patrones mundiales que determinan la estructura de la tierra, la lluvia y la vegetación. Según la tradición religiosa del África negra, los varios elementos del universo como la tierra, la lluvia y la vegetación tienen vida y se unen con el hombre en un proceso continuo de intercambio mutuo. En *Cumboto* el afrohispanoamericano del Nuevo Mundo se une corporalmente con el proceso del tiempo geológico de la tierra. Es decir, como si fuera por algún milagro, de repente el tiempo de la actualidad se funde con el tiempo pasado de la geología milenaria donde el hombre y la vegetación se combinan en un vitalismo nuevo. El esclavo Natividad, un fiel sirviente de los amos de la hacienda Cumboto de Venezuela, revela este concepto cuando observa a una esclava anciana de pura sangre africana. Reflexiona Natividad:

> Torpe, angustiada, lenta, se alzó hasta mi pecho, pero no pudo pasar de allí. Tuve que ayudarla a llegar a mi rostro. Ya sus dedos carecían de flexibilidad y en conjunto parecían una raíz carbonizada. Toda ella era un brote geológico, una afirmación del poder de la tierra [4].

---

[3] ROBERT E. GABLER y SAGER BRAZIER, *Essentials of Physical Geography* (New York: Holt, Rinehart and Winston, 1977), págs. 1-7.
[4] RAMÓN DÍAZ SÁNCHEZ, *Cumboto: cuento de siete leguas* (Santiago, Chile: Editorial Universitaria, 1967), pág. 147.

El marco geográfico de estas novelas encierra la isla de Cuba y las costas de Venezuela y Colombia, que el mar Caribe baña con sus aguas cálidas. Al otro lado del continente de Sudamérica, por el litoral del Pacífico, se descubre la población afrohispanoamericana concentrada principalmente en la región costeña que se extiende desde el Ecuador y la parte norteña de Piura hasta el puerto de Callao y Lima, en el Perú.

La naturaleza física del ambiente novelístico se caracteriza por unas condiciones climatológicas en donde la capacidad del trabajador afrohispanoamericano, que temprano se ve participando en la llamada mezcla de sangre negra, india y blanca, trae el beneficio máximo a las economías nacionales en lo relativo a la agricultura, la pesca y el trabajo del monte. Toda la acción de estas novelas tiene lugar en la región tropical, con la excepción de *Matalaché,* que se sitúa en el Perú. La región peruana de Piura se acerca al marco ambiental de las otras novelas por estar situada cerca de la línea ecuatorial. Sin embargo, el clima y la vegetación de esta zona se diferencian bastante del clima tropical. No obstante, por su monte verdoso, por su costeña tierra arenosa y fértil a la vez, el Perú de *Matalaché* se vincula con la realidad socio-económica de las otras novelas aquí tratadas.

Hay una fusión física y espiritual en la naturaleza de estas obras que combina con factores socio-económicos y culturales en la vida del afrohispano. En la región de Piura de *Matalaché,* por ejemplo, el sol es lo que le hace a uno querer sestear y, en el silencio, olvidarse de todo lo relacionado a la lucha diaria [5]. El sol allí es una obsesión. No es como el sol tropical de *Ecué-yamba-O,* que brilla sobre la caña que crece frente al baldío de Menegildo Cué, el joven protagonista afrocubano de la novela. Ni posee el sol piurano el atributo del sol que hace a las familias afrocolombianas de *Chambacú: corral de negros* huir de su furia calurosa como hipopótamos. El sol de Piura tampoco se identifica con el sol de la ciudad de Cartagena, donde Inge, la esposa del afrocolombiano José Raquel, y otros trabajadores blancos, desempeñan sus labores en el clima artificial de una oficina con aire

---

[5] ENRIQUE LÓPEZ ALBÚJAR, *Matalaché* (Lima, Perú: Juan Mejía Baca y P. L. Villanueva Editores. Casa Editorial Mejía Baca y Villanueva. Sin fecha), pág. 34.

acondicionado. El sol piurano se distingue por una cualidad singular, como señala el pasaje siguiente de *Matalaché:*

> Y para la mujer el sol piurano es todavía más sol que para el hombre, porque es algo más que sol. Es él quien primero le habla a su sexo [6].

La naturaleza tiene un ritmo cíclico que al cabo de muchas lunas anuncia actividades importantes en la vida de los negros, mulatos y zambos, como la estación de sembrar, comenzar la zafra o festejar. Este ritmo primario de la naturaleza también sirve para medir el día y la noche. Según Natividad, el esclavo negro y protagonista principal de *Cumboto,* el ritmo cíclico de la luna tiene un significado especial para los afrohispanoamericanos, porque por medio de él se ordena la vida. Dice Natividad:

> Los negros suelen dar un significado particular a los distintos matices y manchas de la luna, y hacen o dejan de hacer ciertas cosas según esté en sus fases crecientes o menguantes [7].

En el Ecuador de *Juyungo* la selva se manifiesta por unas cualidades eternas con dibujos de carácter polícromo, incidental y embrujador [8]. El monte verdoso de *Juyungo* está personificado con un ojo y un oído en la imaginación de los jóvenes novios, Antonio y Eva, como se nota en el pasaje siguiente cuando se preparan para marcharse de aquella tierra campesina para otra región:

> Luego enmudecieron a la vista y al oído de lo que les rodeaba, y de todo aquello que tendrían que abandonar próximamente: la vista y el oído de la selva; el olfato, el tacto, y el gusto de la selva; los árboles de guabas machetonas, que dan sombra a los cafetos enanos, los gorjeos de los pájaros; los potreros y verdecitos, el encanto del río limpio y campesino, donde tantas veces se bañaron ambos [9].

La selva de *Juyungo* tiene su propia ley también, de modo que para

---

[6] *Matalaché,* pág. 35.

[7] *Cumboto,* pág. 88.

[8] ADALBERTO ORTIZ, *Juyungo: historia de un negro, una isla y otros negros* (Barcelona, España: Salvat Editores, 1971), pág. 187.

[9] *Ibíd.,* pág. 189.

los negros que viven de su suelo, como el protagonista Ascensión Lastre, la selva les dicta la vida:

> En la ley de la manigua, hay un instante en que el hombre tiene que escoger entre matar, ser matado o pasar por un cobardón. Y Lastre, como muchos negros, tiene a mucha honra no ser flojo [10].

El océano, el mar y los varios ríos de los países donde aparece el hombre de sangre africana tienen una importancia enorme en estas novelas. En su conjunto estas aguas forman el masivo sistema hidrográfico por el cual llegaban los negros a las Américas. Desde luego, más tarde, las aguas también hacen posible el importante comercio con Europa y la América del Norte. El agua, así, es un ejemplo más de cómo la naturaleza une a un afrohispanoamericano con el otro y cómo espiritualmente une al negro de las Américas con su continente ancestral, África. Todas las novelas traen el recuerdo de la llegada de los africanos de África a las tierras de la América española durante la época colonial. Comenta esta experiencia el viejo afrocubano Lucio Cué, de *Ecué-yamba-O*. A través de un cuento relata el largo viaje por un mar redondo que hizo su padre, Juan Mandinga, en un barco negrero que iba desde las costas de su Guinea natal hasta la isla de Cuba:

> Los pliegues más remotos de su memoria conservaban el recuerdo de cuentos que describían un largo viaje en barco negrero, por el mar redondo, bajo un cielo de plomo, sin más comida que galletas duras, sin más agua para beber que la contenida en unos cofres hediondos [11].

Durante la época colonial en Venezuela, el mar transmitía un sentimiento de terror a los negros. Explica esta sensación Natividad, el esclavo negro y protagonista principal de *Cumboto*:

> Una vez más debo decir que no amaba al mar. Traía a mi mente recuerdos penosos... Ninguno de los habitantes de Cumboto —excepto quizá los señores— sentía atracción por el mar. La choza más próxima a la playa estaba a más de una legua de ella. Muchos de aquellos negros que habitaban el cocal del «otro lado», jamás se acercaron a los cantiles ni sabían cómo era una ola. Los negros no

---

[10] *Ibíd.*, pág. 187.
[11] *Ecué-yamba-O*, pág. 93.

aman el mar y los de Cumboto menos aún, porque en su memoria psíquica vive intensamente el recuerdo de los primeros fugitivos [12].

En la actualidad estas corrientes fluviales de las Américas todavía participan en la vida de los descendientes africanos, pero ya ha acabado el sentimiento de terror. En *Juyungo* el río ahora sirve como una vía económicamente utilizable en el transporte de productos del monte hasta los puertos principales de exportación. El río, para los macheteros negros de *Juyungo*, es una vía de comunicación oral donde los pasajeros gritan rítmicamente las noticias del día desde sus canoas. Además, el río del monte de *Juyungo* no es sucio como las aguas hediondas de las ciudades donde viven los negros de *Chambacú*. Para los negros como Ascensión Lastre, de *Juyungo*, el río que baja del monte es el que les cura del rencor. Las claras aguas caudalosas de sus riberas les devuelven cierta calma y fuerza a los cansados miembros de la clase servil. El río es el ritmo del fluir continuo de la naturaleza. Es la melodía y la poesía de la vida. En el pasaje siguiente observa el joven Ascensión Lastre al río del interior de su país:

> El río viene de arriba, el río va para abajo; viajero de plata, de barro, de vidrio; crespo como un zambo, liso como un cholo; callado, manso, triste; bullanguero, encabritado, hambriento allá; siempre diferente, sin cansancio, pleno de alma [13].

A través de los comentarios anteriores se ve que la naturaleza juega un papel importante en la vida de toda la población. La naturaleza se alza ante el negro como un fenómeno del universo que tiene un vitalismo supremo. De la naturaleza física y espiritual toma la vida de los descendientes africanos su forma y carácter en las Américas. En estas novelas la naturaleza es un personaje que dicta sus leyes a los negros, ordenándoles la vida y coloreándoles el sentimiento. En fin, sirve la naturaleza como una entidad singular por la cual el afrohispanoamericano se une corporal y espiritualmente al hermano que está al lado y al africano de su continente ancestral.

---

[12] *Cumboto*, págs. 156-157.
[13] *Juyungo*, pág. 105.

El barrio afrohispanoamericano

El barrio afrohispanoamericano, como expresión de la realidad socio-económica en la América española, tal como está presentado en estas novelas juega un papel importante en el existir de las colectividades negras. El carácter especial del barrio negro en estas novelas se manifiesta principalmente a través de las actividades de las poblaciones negras de Cuba, Venezuela, Colombia, Ecuador y el Perú. Representa el barrio afrolatino una expresión más de cierta manera de pensar de los individuos de las sociedades de las Américas. Juntos el hombre blanco, indio y negro crearon el barrio afrohispanoamericano, y cada grupo tenía su papel dinámico y distinto.

A través de la manifestación de la comunidad donde se mueve el afrohispanoamericano, se observa la realización de una serie de creencias y pensamientos que guían a los individuos de las Américas en la creación, el desarrollo y la evolución de la vivienda negra, desde el momento que se inicia la época de la esclavitud hispanoamericana hasta las últimas décadas del siglo xx.

En la época colonial se destacan cuatro situaciones donde físicamente se puede observar a la comunidad afrohispanoamericana. Éstas son: a) las sociedades independientes establecidas por los esclavos fugitivos o cimarrones; b) el barrio de los negros que viven en chozas bastante alejadas de la casa del amo; c) la servidumbre doméstica que vive dentro de la casa del amo en la ciudad o en el campo, y d) los negros que viven en un estado de libertad completa o con semilibertad en zonas rurales.

En estas novelas la existencia de la sociedad cimarrona se destaca por ser la primera comunidad negra, libre e independientemente organizada por los africanos y sus descendientes en las tierras americanas. La palabra cimarrón es un término español que en la significación original se refiere al animal domesticado que luego revierte al estado salvaje. Con el tiempo, la palabra pasó a referirse al esclavo encadenado vuelto fugitivo. Las comunidades negras de tipo cimarrón tienen importancia en las novelas de esta investigación por simbolizar el papel que juegan los negros en la fundación de los primeros pueblos y fincas de las Américas, y por ser un atributo especial que contribuye, como afirma la novela *Juyungo,* a la afluencia de la gente de color en Colombia y el Ecuador [14]. En *Cumboto* el esclavo Natividad explica la importancia de los negros en el origen de las ciudades de Venezuela. Dice Natividad:

> Generalmente se cree que la gente de la Borburata y los empleados de la Guipuzcoana fueron los primeros pobladores, pero esto es un error: antes que ellos habían venido los negros... Muchos de ellos lograban escapar hacia el interior. La tierra nueva los recibía en su regazo, los ocultaba en sus verdes entrañas, los digería como un gigantesco estómago. Desnudos, descalzos, sudorosos y desgarrados corrían por los bosques alejándose de la costa, abriendo con sus plantas sangrantes los futuros caminos de la civilización blanca. ... En los altos de sus fugas, en breves y estremecidos paréntesis, a orillas de los ríos, sembraban las simientes de las nuevas aldeas: hacia el Sur, Goaiguaza; hacia el Este, el Quisandal, la nueva Borburata, el distante Pantanemo; hacia el Poniente, Morón, Sanchón, Alpargatón, San Felipe [15].

En las haciendas de la Tina de *Matalaché* y Cumboto de la obra del mismo título, el barrio negro donde vive y trabaja la masa servil está localizado en un lugar apartado de la casa del amo. Estos barrios siempre son feos y tristes. En la hacienda de *Cumboto,* según las primeras impresiones del esclavo Natividad, los negros de aquella comunidad particular llevaban una vida torpe y vacía [16]. Pero luego llega Natividad a conocer la otra vida del barrio negro donde la masa servil se enriquecía cultural y espiritualmente conservando la herencia de los ritos y costumbres del África tradicional.

La fábrica donde trabajan los esclavos de la hacienda de *Matalaché* representa un verdadero cuadro de la miseria humana. Un día, al pasearse por la fábrica, María Luz, la hija blanca del amo de la Tina, lamenta las condiciones sofocantes en las cuales trabajan los siervos negros. Pregunta María Luz al mayordomo mulato, José Manuel, cómo pueden trabajar estos esclavos en tan nauseabundo lugar:

> —Puf. Si sigo allí más tiempo me desmayo. Y ¿cómo puede esa pobre gente estar allí todo el día?

---

[14] *Juyungo,* págs. 151-152.
[15] *Cumboto,* págs. 13-14.
[16] *Ibíd.,* pág. 71.

—La costumbre, señorita —respondió José Manuel [17].

La servidumbre doméstica de la ciudad no llevaba una vida mucho mejor. Más que nada, este grupo representaba una comunidad de esclavos cuya vida se vio cambiada de repente. Tal era la situación de la criada Rita de *Matalaché* cuando, por celos de su ama, la esclava ve transformada su vida en una nueva comunidad de negros del campo, en la finca de la Tina. De otra parte, en *Cumboto* el esclavo rural Natividad aprende a leer y a apreciar la música clásica de Europa al lado de su amo niño, Federico. Como la esclava Rita de la gran ciudad de Lima de *Matalaché,* tiene Natividad una experiencia semejante al verse echado de la Casa Blanca de los amos para vivir entre el grupo de los negros coqueros cuando es mandado a servir como acompañante del esclavo Cervelión, cuyo hijo el amo acaba de matar.

Durante aquellos tiempos había también otro grupo de negros libres que vivían cerca del barrio negro de la finca cumboteña, como la abuela Ana y su familia. En *Cumboto,* la negra Ana es distinta a su hijo Fernando, que ha vivido en Europa con su mujer blanca y sus hijos mulatos después de escaparse de la vida servil a una tierna edad. Ana heredó los privilegios de la libertad de su bisabuelo africano, Mamerto, cuyos amos le permitían pasar los días en un estado de semi-libertad. Cuando murió Mamerto, Ana y su familia continuaban la costumbre de pasearse libremente. Sin embargo, anota el esclavo Natividad que, aunque podía ir y venir cuando le daba la gana, en su corazón siempre sería una esclava [18].

En la época contemporánea subrayan las novelas *Ecué-yamba-O, Juyungo* y *Chambacú* el barrio afrohispanoamericano de las grandes ciudades de Cuba, Ecuador y Colombia como en los tiempos esclavistas. Las viviendas del barrio en su mayoría son pobres y siempre se localizan apartadas de la sociedad blanca. En *Chambacú* viven quince mil familias negras en condiciones horrendas en una isla no muy lejos de la ciudad de Cartagena. También en la actualidad una gran parte de los descendientes de los esclavos africanos viven en las haciendas de las tierras hispanoamericanas. Por ejemplo, en *Juyungo* se señala este fenómeno por las viviendas de las familias negras, que se sitúan en los territorios remotos de la provincia esmeraldeña del Ecua-

---

[17] *Matalaché,* pág. 42.
[18] *Cumboto,* pág. 85.

dor. El protagonista, Ascensión Lastre, vive en el campo con su padre negro y su esposa zamba. En el mismo libro se destaca la familia del viejo negro Don Clemente Ayoví, que vive en la isla de Pepepán. Don Clemente vivió allí muchos años y aunque se establecía cerca de las tierras del señor Valdez, nadie le buscaba para reclamar su tierra [19]. A través de la familia afrocubana de Usebio Cué, en *Ecué-yamba-O,* y la del afroecuatoriano Don Clemente Ayoví, en *Juyungo,* se observa una continuación de la costumbre antigua de colocar el negro su choza en el terreno del hacendado. Una vez pasada la época esclavista, estas familias negras, libres ya, ganaron los títulos de los viejos amos que les daban derecho a cultivar el campo. También en novelas de la actualidad, como *Ecué-yamba-O* y *Juyungo,* se destaca el sucio campamento que el patrón blanco reserva para la masa de trabajadores negros. Por ejemplo, en *Ecué-yamba-O* se ve la fea comunidad de peones haitianos y jamaicanos de la industria azucarera en la isla de Cuba. En *Juyungo* las condiciones tristes de los macheteros negros que viven dentro de la selva hostil de las tierras remotas del Ecuador hacen hervir por dentro a los dos estudiantes trabajadores. El pasaje que de *Juyungo* sigue subraya la pésima vivienda del obrero negro.

> Siempre había enfermos en los barracones. Bautista tenía ya una gran llaga en la pierna, Manuel Remberto parecía tuberculoso y Canga comenzó a sufrir tercianas. Casi todos comían mal y vestían peor [20].

Un rasgo singular del barrio afrohispanoamericano es que tiene su propia personalidad. Puede atraer a los miembros, influir en sus actividades igual que crear la vida nueva de sus habitantes. Revela el esclavo Natividad de *Cumboto* que en la niñez, y muchas veces como adulto, tenía deseos de huir de la finca para hacerse cimarrón. Dice Natividad:

> En mi niñez y luego, hombre ya, muchas veces sentí la tentación de echarme a andar por los bosques, seguir el hilo de los ríos y perderme en lo más oscuro de la selva, para descubrir los antiguos refugios de aquellos primeros negros, guaridas oscuras donde la naturaleza palpita con el corazón de los grandes tambores; caminos donde todavía se siente el áspero olor de los cimarrones [21].

---

[19] *Juyungo,* pág. 113.
[20] *Juyungo,* pág. 77.
[21] *Cumboto,* pág. 14.

En *Juyungo* se destacan los obreros del campamento remoto por su aire de descontento. Los negros peleaban mucho y muchos abandonaron el trabajo. Otra vez los dos estudiantes, Nelson y Angulo, que trabajan con los macheteros durante el verano, observan las condiciones de los peones en el campamento. El pasaje que sigue de *Juyungo* revela su sentimiento:

> Nelson y Angulo se interesaron por las condiciones de vida de los peones en el campamento. Se percibía un notorio descontento. Los trabajadores desertaban y había surgido más de un altercado o riña entre ellos y los empleados o jefes [22].

No obstante, en la época colonial de *Cumboto,* los negros de la finca donde vivía el esclavo Natividad, recreaban la perdida existencia africana. A lo largo de la novela surge la comunidad negra que recuerda el cuento oral de los ritos donde se conoce el poder de los espíritus a través de un lenguaje cargado de fórmulas secretas.

Pero es el mulato Máximo, de *Chambacú,* quien comenta la cultura ancestral de los africanos negros de la Colombia actual. Según Máximo, la cultura de los africanos se ve ahogada por las autoridades de la sociedad ajena o blanca. Explica este sentimiento Máximo a la suiza Inge, la esposa de su hermano:

> Nuestra cultura ancestral también está ahogada. Se expresa en fórmulas mágicas. Supersticiones. Desde hace cuatrocientos años se nos ha prohibido decir «esto es mío». Nos expresamos en un idioma ajeno. Nuestros sentimientos no encuentran todavía las palabras exactas para afirmarse. Cuando me oyes hablar de revolución me refiero a algo más que romper ataduras. Reclamo el derecho simple de ser lo que somos [23].

Por último, es, tal vez, el sentimiento de «esto es mío», expresado arriba, lo que explica, en parte, la razón de ser de las primeras comunidades afrohispanoamericanas y su poder de atraer hasta a los llamados negros privilegiados a separarse de la sociedad de las mayorías para juntarse en barrios de ambiente singularmente triste y feo. En

---

[22] *Juyungo,* pág. 73.
[23] MANUEL ZAPATA OLIVELLA, *Chambacú; corral de negros* (Medellín, Colombia: Editorial Bedout, 1967), pág. 121.

el esfuerzo por atender a sus necesidades particulares los africanos y sus descendientes, recreando y conservando las instituciones de su país natal, acaban en una comunidad afrohispanoamericana que se manifiesta como un fenómeno creado a la vez por el negro, el blanco y el indio. Estas mismas comunidades, por localizarse en territorios anteriormente no poblados, por lo menos durante la época colonial, representan el origen de muchas de las primeras ciudades y fincas de la América española.

El negro, el mulato y el zambo

El nombre afrohispanoamericano es en realidad otro nombre que la mentalidad nacional de la América española aplica a los hombres que recuerdan en el aspecto físico y cultural al individuo africano y sus descendientes nacidos en las Américas de habla hispana [24]. El comercio de la esclavitud africana que se practicaba en las Américas durante la época colonial y su efecto sobre la prole del continente africano se apunta en estas novelas.

En su conjunto, estas novelas que representan a los países de Cuba, Venezuela, Colombia, Ecuador y el Perú se destacan por su presentación de una colectividad negra conocida por los diferentes nombres de negro, mulato y zambo. En estas novelas se puede caracterizar a este grupo de individuos afrohispanoamericanos como 1) los individuos africanos que llegan a las Américas como productos comerciales durante la época colonial para trabajar como esclavos; 2) una inteligente y fuerte colectividad negra que tiene una herencia común y distinta a la vez; 3) los miembros de la sociedad hispanoamericana cuyas cualidades singulares en el aspecto físico y cultural les distinguen de los otros miembros de la sociedad, y 4) son las víctimas, que con otros individuos, participan activamente en la formación de una sociedad que manifiesta odio, discriminación e ideas perjudiciales hacia el prójimo en la explotación social, económica y cultural.

En las últimas décadas del siglo xx, el pueblo afrohispanoamericano, como se presenta en Chambacú, reconoce el hecho de que los esclavos venían no de un área particular de África, sino que procedían de todas partes del vasto continente. Máximo, el protagonista mulato e hijo de Coteña, una viuda negra de Chambacú, habla de cómo los

---

[24] NORMAN E. WHITTEN, págs. 174-175.

negreros marcaban los cuerpos de los esclavos, a la vez que señala
el origen tribal de los afrocolombianos de su pueblo:

> Los barcos negreros llegaban atestados de esclavos provenientes de
> toda África. Mandingas, yolofes, minas, carabalíes, fiafaras, yorubas,
> más de cuarenta tribus. Para diferenciarlos marcaban las espaldas y
> pechos con hierros candentes [25].

Los fuertes e inteligentes africanos esclavizados traían a las Américas
diversos conocimientos del gran continente. Según E. Bradford Burns,
citado abajo, algunos esclavos eran de las tribus o grupos que practicaban la agricultura, la caza, la pesca, la domesticación de los animales y el trabajo del cuero [26]. En las haciendas de *Cumboto,* en Venezuela, y la Tina, de *Matalaché,* había esclavos que manifestaban ciertas afinidades en los trabajos cotidianos. En el pasaje siguiente María
Luz, la hija del amo de la Tina, escucha a su padre, don Juan Cosme
de los Ríos, comentar una gran habilidad en el trabajo del cuero. De
su esclavo José Manuel, el *Matalaché* de la novela, dice don Juan:

> —Las talladuras en cuero de estos sillones son hechas por José Ma-
> nuel. Su amo anterior, que supo lo que tenía en este esclavo, le puso
> de aprendiz de talabartero y al año sabía ya más que su maestro.
> Como muestra de su aprendizaje hizo estos asientos y respaldos. Ya
> lo sabes, pues, hija, José Manuel es el hombre que necesitas para
> eso [27].

Durante la época colonial, la aristocracia blanca de las Américas establecía la escala jerárquica para mantener la pureza de sangre y para
repartir los bienes de la sociedad [28]. Según este sistema, los amos y
sus descendientes blancos pertenecían a la clase alta y el esclavo y
los suyos a la clase baja. Entre las varias actitudes perjudiciales y discriminatorias que desarrollaban las sociedades hispanoamericanas de este período, está la de que muchas personas de la clase alta de *Matalaché* consideraban al esclavo nada más que una especie de animal [29].

---

[25] *Chambacú,* pág. 121.
[26] E. BRADFORD BURNS, *Latin America: A Concise Interpretive History*
(Englewood Cliffs: Prentice Hall, Inc., 1972), págs. 21-22.
[27] *Matalaché,* pág. 101.
[28] Véanse las páginas 4-6 de esta investigación.
[29] *Matalaché,* pág. 21.

Más aún, las familias de la clase alta observaban la ley de conservación de la sangre blanca y pura en las relaciones sexuales. Se observa en el pasaje siguiente la manifestación de estos sentimientos por las palabras de don Juan Cosme de los Ríos, cuando expresa la importancia de guardar la sangre pura a su amigo don Baltazar, de la ciudad de Lima. Dice don Cosme de los Ríos:

> —No tanto; lo primero es la sangre, mi señor don Juan, a la que hay que evitarle el riesgo de que se bastardee o prostituya. Y usted sabe lo que es tener hijos en una esclava [30].

Estas actitudes discriminatorias no cesaron con la emancipación, y en novelas que se desarrollan en el siglo xx, como *Ecué-yamba-O, Juyungo* y *Chambacú,* los sentimientos discriminatorios y perjudiciales continúan expresándose. Estas ideas raciales de la época de la esclavitud han dejado su impronta en los individuos blancos, negros e indios de los varios pueblos latinoamericanos. Estas ideas son evidentes en las acciones y actitudes de los personajes novelescos. Por ejemplo, en *Juyungo* se ve el sentimiento de desdén que manifiesta el blanco hacia el hombre negro, mulato o zambo con el ejemplo de don Valerio Verduga, el ingeniero blanco que dirige a los negros macheteros.

El autor presenta a don Valerio como a un personaje que siente un profundo odio e inexplicable hacia los negros que trabajan bajo su mando. No obstante sus fuertes sentimientos de superioridad, su soledad personal le lleva a momentos de hipocresía:

> Pero don Valerio, que no temió ni a Dios ni al diablo, mal podía acobardarse frente a ellos. A pesar de detestarlos en el fondo, cuando le faltaban amigos de su propia categoría, los aceptaba hasta como compañeros de copas [31].

En la misma novela, sufre el negro los prejuicios de otro grupo étnico de la sociedad hispanoamericana. Ascensión Lastre tiene la rara experiencia de vivir una temporada entre los indios cayapas cuando huye de la vida miserable que lleva en la casa de su padre negro y su mujer zamba. El joven Lastre siente la hostilidad manifestada hacia él por

---

[30] *Ibíd.*
[31] *Juyungo,* pág. 58.

parte de la gente cayapa desde el momento que llega a vivir **entre ellos.** Revela este sentimiento el pasaje siguiente:

> En los primeros días sentía pesar sobre su persona la rústica hostilidad de algunos, pues que los cayapas, a la vez que odian a los negros, los temen. Pero siendo él pequeñón, dispensáronle al término la convivencia y soportaron su intromisión. Escasísimos individuos extraños, y muy contada gente de color, habían sido tolerados allí por largo tiempo [32].

Los cayapas, según un estudio de las costumbres antiguas, desde un tiempo remoto odiaban a los negros porque en sus tradiciones religiosas figuraban algunos espíritus negros que los antepasados de los indígenas temían o destestaban [33]. Estos espíritus negros tenían las narices chatas, el pelo rizado y la piel muy negra. Se anota en *Juyungo* que el sentimiento de odio de los cayapas hacia los negros es una actitud conservada intacta desde la época precolombina [34].

La manifestación literaria de una ideología de los ciudadanos hispanoamericanos no es sólo un fenómeno que se ve expresado en las acciones de blancos o indios contra el hombre negro. Estas novelas también señalan a los negros que odian a sus conciudadanos negros, como ocurre con los negros de los países de habla inglesa y francesa, como subrayan las páginas de *Ecué-yamba-O.* En *Juyungo,* Ascensión Lastre odia al negro Cocambo porque éste traiciona a su raza al conspirar con el jefe blanco para negar a los trabajadores ciertos beneficios para mejorar la vida:

> Era hábito exhibir su voluminosa musculatura, andando a veces con el torso desnudo, sin motivo. Su gran estatura y corpulencia le hinchaban el pecho, de vanidad, como a un pavo. Los que lo seguían, lo admiraban y temían en secreto, en ese instante; pero lo despreciaban por servil y adulón de los jefes, y porque negreaba a los demás como si fuese un blanco [35].

En la Cuba del siglo xx el viejo afrocubano Usebio Cué, de *Ecué-*

---

[32] *Juyungo,* pág. 30.
[33] Para más detalles sobre este asunto consúltese la obra de Samuel Barret citada en la bibliografía de este trabajo.
[34] *Juyungo,* pág. 31.
[35] *Juyungo,* pág. 78.

yamba-O, sufre la explotación social y económica como los negros jamaicanos y haitianos que llegan a su país para trabajar. Sin embargo, este afrocubano se siente superior a ellos y a todos los otros peones isleños que se ven forzados a trabajar en las condiciones difíciles de una fábrica de azúcar norteamericana. Para Usebio Cué, el oficio que tiene de carretero le permite registrar sus sentimientos de superioridad frente a los jamaicanos y otros negros de la isla:

> Cuando se ha dejado de ser propietario, el oficio de carretero ofrece todavía algunas ventajas. No se está obligado a trabajar en la fábrica, donde se suda hasta las vísceras. ampoco se alterna con la morralla haitiana que se agita en los cortes. La férula de la sirena no se hace tan dura y puede mirarse con suficiencia, desde lo alto del pescante, a los jamaiquinos con sombrero de fieltro, que inspiran el más franco desprecio, a pesar de que tengan el orgullo de declararse «ciudadanos del Reino Unido de Gran Bretaña» [36].

El hombre negro, mulato o zambo de estas novelas, entonces, es parte de una colectividad negra que el patrón utiliza a la manera de un medicamento destinado a curar el mal económico de las haciendas. La diversidad de la naturaleza física de África y las culturas distintas de la madre patria desarrollaban en el africano un carácter distinto que contribuía a la manifestación de la fuerza o la inteligencia del grupo étnico.

Mas, a pesar de la fusión de sangre africana, india y europea que caracterizaba a la gente hispanoamericana, persistían en ellos ciertos rasgos físicos y aspectos culturales que les identificaban como individuos de origen africano. Llegaba a reinar en la sociedad el odio que es manifiesto desde la época colonial hasta la actualidad.

La comunidad afrohispanoamericana como eje del orden socio-económico

La investigación del tema de la realidad socio-económica vista a través de la comunidad negra como eje del orden socio-económico, sirve para destacar unas observaciones importantes en la consecución de una interpretación más auténtica de este asunto. Al enfocar el tema, se manifiestan tres circunstancias que se distinguen de la dimensión ya

---

[36] *Ecué-yamba-O,* págs. 29-30.

estudiada en la sección del barrio afrohispanoamericano o la comunidad negra, a saber: 1) su papel en los intereses internacionales de la América española; 2) su papel en los intereses nacionales, y 3) la facultad creadora del negro como elemento de sobrevivencia.

Su papel en los intereses internacionales de la América española

Las novelas de esta investigación presentan a España como el gran poder europeo que inicia el tráfico negrero en Hispanoamérica cuando convierte al esclavo africano en obrero selecto para formar la base del sistema de trabajo manual en esta fase de su expansión económica. Aunque no se trate en este trabajo, vale la pena, como punto aparte, reconocer a Inglaterra como otro país que también jugó un papel enorme durante varios siglos en el desarrollo del sistema esclavista en la América del Norte. Durante el proceso de esta empresa comercial muchos esclavos logran escaparse para formar las primeras comunidades cimarronas del Nuevo Mundo. De este modo los negros fugitivos llegan a tener un papel importante en la economía, porque, mientras van abriéndose paso al interior del país, preparan a la vez las vías de expansión territorial para el comercio de España. En *Cumboto* se presentan varios esclavos que, al escaparse, penetran al interior del país por la ruta exacta que se utiliza luego para establecer la Compañía Guipuzcoana. Representa esta compañía la primera empresa española de Venezuela dedicada a la explotación del coco y el café [37].

A través del sistema de repartimiento de las tierras que pronto se convierten en las grandes fincas o plantaciones, como la Tina de *Matalaché,* donde se fabrica el jabón y curten las pieles, y el coco en la finca de *Cumboto.* España logra aumentar su poder económico en las Américas al crear una burguesía aristocrática con el esclavo negro como base económica.

Durante el siglo xx los descendientes de las primeras familias españolas del Nuevo Mundo se conocen en *Matalaché* por la familia protagonista de don Juan Francisco Cosme de los Ríos, y en *Cumboto,* por don Federico Lamarca y su prole. La función económica de estas familias, que representan el grupo aristocrático de las Américas, era

---

[37] *Cumboto,* págs. 13-14.

la de organizarse para establecer y mantener un orden social y económico para sacar el mayor rendimiento posible de los esclavos [38]. Las fincas de estas familias, debido al carácter de su operación, se establecían lejos de las ciudades. La finca de *Cumboto,* por ejemplo, que sobresalía en la producción del coco, necesitaba una comunidad grande de esclavos y un terreno agrícola de gran extensión. En el caso de la finca de la Tina de *Matalaché,* el olor repugnante de la fabricación de su producto comercial, el jabón, le empujaba a establecerse en un área remota. En la organización de la hacienda, el esclavo y sus descendientes se convirtieron en máquinas humanas y el amo blanco, en señor feudal. Se revela esta estructura en la Tina de *Matalaché:*

> Estas fincas eran verdaderos centros de exilio, en donde un tratamiento feudal pesaba sobre el obrero como un yugo, del que sólo se sentía libre y consciente fuera de ellos. Entonces, como ahora, todo el interés del industrial, del amo, estaba en sacar de la máquina humana el mayor rendimiento posible. Por eso veíase detrás de la falange esclava al capataz fornido, azuzándola, implacable, con su ronzal, y detrás de la falange libre, al sobrestante fiscalizador, listo para regatear el tiempo y el salario y para despedir también. Y en este vértigo del trabajo el negro era el que más contribuía con su sangre y su sudor [39].

Dentro de esta estructura el esclavo y sus descendientes pertenecían legalmente al amo blanco. Raras veces se vieron libres por el acto de manumisión. Los esclavos de *Cumboto* obedecían al amo porque su voluntad era la ley:

> En realidad este poder de que disponía el amo no lo adquirió con la finca, pero la usaba a discreción, a la manera de un antiguo señor feudal. Amonastaba y castigaba de hecho a los culpables, imponiéndoles incluso ciertas penas corporales que las leyes de la República habían proscrito por infamantes, como los azotes y el cepo. Sin embargo, los habitantes de Cumboto respetaban a don Lorenzo y le obedecían como un buen padre. Y tenían razón, después de todo, pues era él quien los proveía de tierras y de semillas para que efectuaran sus siembras, de madera y palmas de coco para sus

---

[38] *Matalaché,* pág. 24.
[39] *Ibíd.*

viviendas, de agua y sal para sus comidas, de aire, en fin, para sus pulmones [40].

Al llegar las guerras de la independencia el negro, el mulato y el zambo se ven enfrentados a algunos cambios radicales en la situación económica y social de las naciones hispanoamericanas. En *Matalaché* los amos de las haciendas, que antes preparaban sus productos comerciales para el mercado español, de repente tenían que buscar otros recursos. Luego, con la abolición de la esclavitud, los esclavos de *Cumboto* se ven obligados a escoger entre la libertad y una vida de semiesclavitud. Algunos negros huyeron, pero para los que se quedaron en la finca, la vida continuaba casi sin novedad. Sólo había más libertad sexual y la cultura africana llegó cada vez más a penetrar en la vida personal del amo.

Todos los autores utilizan al amo blanco y el esclavo negro como un ejemplo principal del contacto biológico y cultural de Europa y África. Para ellos la manifestación directa de ese contacto es la creación de una nueva generación cuando la madre negra abandona a su hijo mulato al padre blanco para que el niño reclame su herencia. Expresa *Cumboto* este acontecimiento cuando el hijo de la negra Pascua vuelve a la hacienda de su padre blanco para vivir:

> No es don Federico quien está sentado ante el piano, sino su joven visitante. El hijo de Pascua. Su hijo... su hijo es el mensajero de su amor, Pascua de su sacrificio, de su espíritu y su carne inmortales [41].

En *Chambacú,* la novela colombiana que subraya el ambiente de los años cincuenta y sesenta del siglo actual, se ve el impacto político de los intereses extranjeros en las tierras hispanoamericanas. El autor, Zapata Olivella, describe la angustia de quince mil familias afrocolombianas ante la amenaza de unos intereses norteamericanos que requieren Chambacú como una nueva atracción del turismo. En el pasaje que sigue de *Chambacú,* Máximo refiere al pueblo lo que exige la policía:

> —La policía dice que todos los negros tendremos que salir de Chambacú.

---

[40] *Cumboto,* págs. 15-16.
[41] *Cumboto,* pág. 184.

—Quieren arrebatarnos lo que hemos alcanzado con sudor y sangre.

—Dizque van a construir aquí en la isla un hotel de lujo para los turistas. Así no verán a tantos negros mugrosos [42].

También llega el Cuerpo de Paz norteamericano que, con la aprobación del teniente político blanco de Cartagena, va a estudiar al pueblo negro de *Chambacú* como una comunidad típica de la miseria y suciedad de la época contemporánea [43].

En *Ecué-yamba-O, Juyungo* y *Chambacú* se ve, a lo largo del siglo xx, el interés del mercado internacional por las riquezas de las tierras hispanoamericanas. El dominio del mercado extranjero por España se ve cada vez más disminuido a finales del siglo xix con la pérdida de la isla de Cuba, su última posesión de las Américas.

En *Ecué-yamba-O* traza el autor, Alejo Carpentier, un cuadro importante que muestra el proceso de infiltración norteamericano en la industria azucarera de Cuba durante el primer tercio del siglo xx y las implicaciones del nuevo poder imperialista de Norte América. Vienen técnicos de todas partes del mundo para laborar en la compañía norteamericana, así como oleadas de peones agrícolas del cercano Caribe. Se describe la invasión humana en el pasaje que sigue de *Ecué-yamba-O:*

> Entonces comenzaba la invasión... capataces americanos mascando tabaco. El químico francés que maldecía cotidianamente al cocinero de la fonda. El pesador italiano, que comía guindillas con pan y aceite. El inevitable viajante judío, enviado por una casa de maquinarias yanqui. Y luego, la nueva plaga consentida por un decreto de Tiburón dos años antes: escuadrones de haitianos harapientos que surgían del horizonte lejano trayendo sus hembras y gallos de pelea, dirigidos por algún condotiero negro con sombrero de guano y machete al cinto... después llegaban los de Jamaica, con mandíbulas cuadradas y over-alls descoloridos, sudando agrio en sus camisas de respiradores [44].

También llegan los chinos a la isla cubana con sus negocios varios. Es

---

[42] *Chambacú,* pág. 117.

[43] *Ibíd.,* pág. 134.

[44] *Ecué-yamba-O,* pág. 10.

este grupo chino el que va a penetrar la religión, la música y otros aspectos culturales de los negros de la isla para atraer el dinero de ellos hacia su bolsillo. En el pasaje que sigue se puede observar a los almacenistas chinos en el momento de cambiar a su favor el fluir del dinero de los trabajadores negros que ya va hacia la bodega de la compañía norteamericana:

> Los almacenistas chinos invierten millares de dólares en balas y to-
> neles que les son enviados por Sung-Sing-Lung —cacique alimenticio
> del barrio amarillo de la capital—, con el fin de librar ruda compe-
> tencia a la bodega del Central, recientemente abierta para ordeñar
> al bracero las monedas que acaban de dársele [45].

En otro ejemplo de *Ecué-yamba-O* se ve que el joven protagonista, Menegildo Cué, aprende los hábitos y misterios de la ciudad cuando, como hombre encarcelado, entra en el juego de la charada china durante los momentos de ocio:

> Las palabras de sus compañeros revelaban a Menegildo los hábitos
> y misterios de la ciudad. Ya le importaba saber si «me arrastro y soy
> soldado» era lombriz; «pelotero que no ve la bola» era águila, o
> «gato que camina por los tejados sin romper las tejas» correspondía
> a la lengua del elefante, según decían. Guiado por esas definiciones
> sibilinas, imaginadas por los banqueros chinos para atraer al jugador,
> había arriesgado ya sus primeras monedas, a fijo o corrido, sobre las
> figuras del cooli charadero, o las de su compañera, la Manila de Ma-
> tanzas [46].

Con la entrada de los nuevos obreros extranjeros, los negros de los países de habla francesa e inglesa, se añade otra dimensión a la realidad socio-económica de Cuba. Los negros haitianos y jamaiquinos sirven para aumentar el número de trabajadores negros en la isla. También señala *Ecué-yamba-O* que la nueva colectividad negra sufre las mismas penas y discriminaciones sociales, económicas y políticas que los afrocubanos. Más aún, surgen riñas personales entre la muchedumbre negra de los recién llegados y los afrocubanos de la isla.

Por los años cuarenta de este siglo estiliza Adalberto Ortiz, el

---

[45] *Ecué-yamba-O,* pág. 11.
[46] *Ibíd.,* pág. 144.

autor de *Juyungo,* un cuadro de la realidad socio-económica del afroecuatoriano. En *Juyungo* se estudia a los propietarios italianos que
establecen la compañía de aserrían de la Nueva Roma en el suelo ecuatoriano. Al llegar esta compañía extranjera con su importante letrero,
se animan los obreros negros ante el anuncio que les promete más
oportunidades económicas:

> COMPRAMOS MADERA DURANTE UN AÑO
> PAGAMOS LOS MEJORES PRECIOS [47].

Ascensión Lastre, el negro maderero esmeraldeño, y los otros de su
grupo, entran en el monte peligroso con esperanzas de una vida mejor
mediante la tala de las valiosas piezas de balsa. Sin embargo, después
de pasar meses de trabajo sudoroso en la selva, regresan para quedarse estupefactos ante el anuncio de letreros nuevos que ya indican que
la compañía italiana no compra maderas. La desesperación del tropel
negro se expresa por el cuadro lastimoso del maderero Jonás, el más
viejo del grupo, y los sentimientos de odio por parte del joven negro,
Ascensión Lastre:

> Jonás, el más viejo, rogó humildemente a los señores italianos de la
> Nueva Roma, que compraran el cargamento a cualquier precio. En-
> tonces los propietarios, como gran merced, los hicieron esperar dos
> días, al cabo de los cuales pagaron irrisorias cantidades que no al-
> canzaron a cubrir los gastos. El ruido de las sierras jadeaba, crecien-
> do, chillando animalmente, como gritos de bestias heridas. Y Ascen-
> sión Lastre pensaba en otros madereros que afluirían por otros ríos
> distintos, a otros puntos distintos, donde serían víctimas indefensas
> del mismo ardid. Sin recapacitar, desde algún lugar incógnito, le as-
> cendió una rabia frenética contra aquellos blancos, contra todos los
> blancos [48].

A lo largo de los siglos los autores de las novelas retratan las tierras
hispanoamericanas como un lugar fértil para los intereses internacionales. El negro es el fugitivo que abre los caminos nuevos al interior
de los países de las Américas o el esclavo que provee el trabajo manual en la producción agrícola y otros negocios. El negro, también,

---

[47] *Juyungo,* pág. 38.
[48] *Ibíd.,* pág. 38.

representa el elemento biológico y cultural que traerá la nueva generación mulata a las Américas para reclamar la herencia perdida del amo blanco.

Al terminar la época de la esclavitud, muestran las obras del siglo xx las nuevas naciones de las Américas. Ya independientes de España, buscan los hispanoamericanos los nuevos mercados para los productos de su sueño. Se establecen las compañías extranjeras y llegan trabajadores de todo el mundo. Ya no vienen los hombres negros como esclavos de África. En algunas industrias se aumenta la fuerza de trabajo manual con los negros de las islas cercanas de habla francesa e inglesa. También pierden muchos negros sus hogares cuando la nueva compañía busca sus tierras como un negocio lucrativo de tipo turístico. En otros países, sigue el negro del siglo xx en el papel del antiguo esclavo fugitivo cuando, como obrero común, abre los caminos nuevos en la selva peligrosa al interior del país, al cargar la madera preciosa.

Su papel en los intereses nacionales

Como eje del orden socio-económico, el negro figura en los intereses nacionales porque provee el trabajo manual. También, frente a unos escándalos personales y la crisis económica que sufre la sociedad aristocrática al perder el mercado español, se extiende aún más el papel del sirviente negro cuando éste se hace soldado, tema que pronto investigará este estudio.

No obstante, para apreciar otra dimensión del papel que juega la colectividad negra como eje del orden socio-económico, es necesario enfocar las navelas que encierran la realidad del siglo actual.

En *Ecué-yamba-O, Juyungo* y *Chambacú,* novelas que representan la época contemporánea, los descendientes de los esclavos se encuentran en la actualidad todavía atados a un sistema socio-económico que organiza los trabajos más difíciles, peligrosos y monótonos para la colectividad negra. El hombre blanco, sea el extranjero o el nativo latinoamericano, es el que manda en los distintos territorios regionales de las Américas y el hombre negro, mulato o zambo, sigue haciendo el trabajo manual. Aunque la colectividad negra todavía pertenece a la clase baja, como el esclavo de la época colonial, el negro del siglo xx recibe un sueldo por su labor cotidiana. No obstante, es un

sueldo que les condena para siempre a los rangos más bajos de la
escala social porque no basta para cubrir las necesidades primarias de
la vida. La pobreza es la situación que espera al negro universitario
también. No importa que sea médico o estudiante. Lo poco que gana el jornalero negro pronto se le escapa de las
manos por los medios inescrupulosos que emplean los bodegueros co-
mo el ex-arriero blanco Felipe Atocha de *Juyungo,* que es capaz de
vender hasta a su propia hija con tal de ganar unos centavos más:

> Atocha no era hombre desperdiciador de oportunidades, y para de-
> mostrarlo, cedió a Jacinta, su hija, y solicitó, en cambio, el puesto
> de bodeguero en el kilómetro 18, y puso como su ayudante al negro
> servil y cómplice que apodaban Cocambo [49].

Estas novelas del siglo xx revelan que las grandes haciendas de la
época colonial ya no existen en su forma antigua. Al llegar el momento de la emancipación, muchas familias blancas de la aristocracia
hispanoamericana cedieron parte de sus tierras a los descendientes de
los esclavos, con títulos que les dieron el derecho de habitarlas y cul-
tivarlas. De esta manera algunos negros llegan a ser dueños de pro-
piedades, como la familia afrocubana de Usebio Cué de *Ecué-yamba-O,*
y la del afroecuatoriano don Clemente Ayoví, de *Juyungo.* No obstante, bajo este sistema el negro siempre quedaba pendiente de circunstancias que en el futuro podían negarle el privilegio ganado.

De todas las novelas del siglo xx subrayamos *Juyungo* por su visión singular de este acontecimiento.

En *Juyungo* Adalberto Ortiz crea el personaje de don Clemente
Ayoví, un anciano que pasa por negro «leído y escribido». Don Clemente y sus tres hijos viven en la isla de Pepepán, en el interior del
Ecuador. Desde hace más de veinte años, esta familia negra trabajaba
el terreno, que le proveía cierta abundancia. Además, se apunta que
entre los miembros de esta familia negra nunca ha habido disensión
alguna. Sin embargo, llegó el día en que don Clemente y sus hijos
fueron víctimas del interés político del señor Valdez, el hijo blanco
del antiguo dueño de su propiedad. Aspirando a una posición guber-
namental, el señor Valdez se decidió a ignorar los derechos a la propiedad de don Clemente y vendió su tierra a un gringo, Mister Hans,

---

[49] *Ibíd.,* pág. 70.

de la Casa de Tagua, por el voto político. A causa de este episodio, don Clemente murió. Abajo se transcribe la última súplica del anciano:

> —... ¡Dios mío! ¿Será posible, Dios mío? Aquí en este suelo reposan los huesos de mi madre, los de mis hijos, los de mi mujer. No quiero moverme de aquí. Esta es mi comejenera, ¡Señor! ¡Yo soy sólo un pobre comején ya viejo! ¡No dejes que me quiten mi comejenera, Señor! ¡Sed justo!... Nunca he hecho mal al prójico. Todo lo que poseo lo he adquirido con el sudor de mi frente y el de mis hijos. No me castigues así. ¡Llévame mejor, Dios mío! Esta tierra es mía, muy mía, para eso la he labrado desde hace años. No quiero ver. No quiero... —suplicaba el anciano. Después cayó en un estado de postración tan alarmante, que hacía presentir su fin [50].

La facultad creadora del negro como elemento de sobrevivencia

Sobresale el genio inventivo del negro en la vida social de las Américas como elemento de sobrevivencia en estas novelas. Además de señalar las instituciones culturales que se establecían dentro de la comunidad negra durante la época colonial, las novelas del siglo XX destacan también la continuidad de muchas de aquellas tradiciones africanas en la vida contemporánea. Igualmente, el arte novelístico de estos autores subraya el fenómeno singular del sincretismo en la vida social, esto es, la fusión del elemento africano con la cultura indígena y española de las Américas.

Un elemento central en todas las novelas es la modificación del lenguaje, siguiendo la expresión africana, que emplean el negro y sus descendientes para comunicarse con la gente de habla española. En estas novelas el español singular del afrohispanoamericano se crea con su propia fonética, morfología, sintaxis y léxico [51].

Desde los primeros momentos de la trata, que inicia el contacto personal entre el individuo africano y el español, comienza a desarrollarse en las Américas la nueva expresión lingüística de la comunidad negra. Se imagina Díaz Sánchez la situación ésta al desarrollar en *Cumboto* un episodio que relata el momento cuando los primeros africanos fugitivos son recapturados por los capataces españoles. En la Venezuela de *Cumboto* los esclavos que no podían decir en el idioma

---

[50] *Ibíd.*, pág. 176.
[51] ROBERT BROWN, págs. 11-15.

español que llegaban a aquellas costas por un barco náufrago tratan
de expresarse con ademanes. Por fin los fugitivos gritan con los tonos
fuertes de su acento africano que llegaban a Venezuela por barco:

> Cuando los españoles los apresaban y les sometían a interrogatorios,
> ellos se debatían en un torbellino de ademanes de angustia: Cum-
> boto, cum-boto que quiere decir con bote[52].

En el Ecuador, según Ascensión Lastre, el protagonista de *Juyungo,*
hay individuos negros con verdaderos nombres africanos, como Cocambo, que se conoce también como Tolentino Matamba[53]. Todas
las novelas revelan el uso de un idioma recreado por los esclavos y
lleno de elementos africanos y características del habla de la comunidad afrohispanoamericana de las Américas. Por otra parte, se debe
reconocer que, por la variedad de grupos lingüísticos del continente
americano, no es siempre posible identificar los elementos africanos
en el habla. Las palabras de Salomé, la madre afrocubana en *Ecué-
yamba-O,* en el momento de parir a su hijo Menegildo, son parecidas
al habla que se oye en el sur de España o en la República Dominicana:

> —Barbarita, corre a buscal a Luisa y dile que venga enseguía,
> que voy a dal a lu...[54].

En todas las navelas aparecen elementos de medicina de la tradición
africana. Sin embargo, los especialistas de *Ecué-yamba-O* y *Chambacú*
tienen fama por los conocimientos del arte herbolario que utilizan en
ciertos ritos ceremoniales. Por ejemplo, en *Ecué-yamba-O* Salomé llama
al viejo Berua, el médico de la familia desde hace cuatro generaciones, para curarle a su hijo la mordedura de un cangrejo ciguato:

> Al cumplir tres años, Menegildo fue mordido por un cangrejo ciguato
> que arrastraba sus patas de palo en la cocina. El viejo Beruá, mé-
> dico de la familia desde hacía cuatro generaciones, acudió al bohío
> para «echar los caracoles» y aplicar con sus manos callosas tres onzas
> de manteca de maja sobre el vientre del enfermo[55].

---

[52] *Cumboto,* pág. 13.
[53] *Juyungo,* pág. 78.
[54] *Ecué-yamba-O,* pág. 18.
[55] *Ibíd.,* pág. 25.

Se introduce la música de la tradición africana cuando los negros ofrecen sus talentos rítmicos para las actividades del negocio. Presenta *Ecué-yamba-O* al grupo afrocubano Sexteto Física Popular, que gana dinero tocando para diversas fiestas de la isla. También se ve en *Juyungo* el negocio de los afroecuatorianos que combinan el arte culinario con la fiesta marimbulera, como la que tuvo lugar en la casa campesina de don Clemente Ayoví [56]. Cuando el negro Críspulo Canga construye con sus propias manos la marímbula con sus reales ahorrados y quiere abrir su negocio personal en la zona central de la ciudad, se lo prohíbe la autoridad blanca en la declaración de la carta siguiente:

> ... De la fecha en adelante, queda enteramente prohibido el efectuar bailes de marimba en las zonas centrales de la ciudad, por cuanto constituyen un atentado contra el orden, la moralidad y las buenas costumbres de los pueblos civilizados. Solamente se permitirán dichos bailes en las dos últimas calles interiores, o en el balneario de Las Palmas. Disposición que llevo a su conocimiento, para que retire su establecimiento a las zonas indicadas, o en su defecto, lo clausure totalmente. Quien infrinja esta orden será sancionado con multa y prisión.
>
> Honor y Patria
> El Intendente de Policía [57].

Otra actividad de la vida social de las Américas se ofrece en *Juyungo* al retratar a los negros que frecuentan las comunidades indígenas del interior del Ecuador para cambiar sus productos por polvo de oro. También algunos negros utilizan estas ocasiones para practicar sus conocimientos de costumbres africanas, como el negro curandero falso, Tripa Dulce [58].

En fin, resulta que, a lo largo de los siglos, los africanos y sus descendientes han desarrollado ciertas costumbres e instituciones culturales dentro de la comunidad afrohispanoamericana para atender a sus necesidades particulares. Son estas costumbres e instituciones las que ofrecen evidencia de la fuerte corriente de tradición africana en las sociedades de la América española. Como elementos de la facultad

[56] *Juyungo*, pág. 168.
[57] *Ibíd.*, pág. 198.
[58] *Ibíd.*, 27-36.

creadora del negro, las novelas dan testimonio del lenguaje, la religión, la medicina, el arte culinario, la artesanía y la música.

La familia afrohispanoamericana

Al observar a la familia de la comunidad negra de estas novelas se ve que sus miembros —negros, mulatos y zambos— siempre retienen un algo además de su apariencia física que inequívocamente les identifica como personas de origen africano. Se puede caracterizar a la familia negra del África tradicional como un grupo ligado a través del continente por los lazos sanguíneos. Los diversos grupos africanos se distinguen por la variedad de idiomas que hablan y por las distintas estructuras sociales que prevalecen de grupo étnico en grupo étnico, pero se relacionan en su base a través del continente de la madre patria por el hilo común de parentesco o «kinship ties» [59]. Es este sistema de extender a la familia entre miembros emparentados lo que sirve en varias interacciones ordenadas de cooperación socio-económica.

En este estudio los personajes de origen africano se ven como la familia africana trasplantada a la América española. Las observaciones sobre el trato entre los padres y los hijos y las aportaciones de la familia como vehículo cultural son lo que más interesa en las obras de los autores de las novelas tratadas aquí.

La familia africana trasplantada a la América española

Los esclavos africanos de estas novelas se destacan por ser los primeros miembros de la familia del África tradicional que se establecen en las Américas durante la época colonial. De acuerdo con las costumbres de la madre patria, todos estos esclavos representan una extensión en el Nuevo Mundo del sistema familiar imperante en África. Los esclavos de las familias africanas en las Américas pueden expresarse como seres individuales que viven solos, como el negro Congó de *Matalaché,* o como parte de un grupo familiar que vive en una choza particular, como la abuela negra Ana y sus hijos, en *Cumboto.* Pero viva solo o con varias personas, el afrohispanoamericano sigue

---

[59] ALFRED R. RADCLIFF BROWN y DARYLL FORDE, ed., *African Systems of Kinship and Marriage* (New York: Oxford University Press, 1953), págs. 3-5.

considerándose como miembro de un grupo grande, a pesar de su condición de esclavo.

Esta actitud singular expresa el esclavo Natividad a lo largo de las páginas de *Cumboto*.

Durante la época colonial, también se retratan las primeras familias de los esclavos fugitivos por las varias comunidades cimarronas de *Cumboto, Chambacú y Juyungo*. En el siglo xx algunas familias logran adquirir su propio hogar, como los Cué de *Ecué-yamba-O*. En *Juyungo* se presenta a la familia afroecuatoriana de don Clemente Ayoví. Vive don Clemente y cada uno de sus hijos casados en su casa individual, aunque trabajan y ganan en común:

> Los hijos de don Clemente, Arnulfo y Fabián, ya casados, le habían dado algunos nietos. Cada uno vivía en casas separadas, pero trabajaban y ganaban en común, en ciertas empresas, especialmente agrícolas [60].

Lo cierto es que, aunque el esclavo pierde en el Nuevo Mundo muchas de las formas y estructuras de la familia tradicional que conocía y representaba en África, nunca olvida a la familia como el elemento primordial de la sociedad en que se mueve [61]. En el Nuevo Mundo, la idea de la familia domina en la mente del africano y sus descendientes hasta cuando se ven obligados a desarrollar nuevas formas y estructuras familiares de acuerdo con sus circunstancias particulares.

Unas observaciones sobre el trato entre los padres y los hijos

En la familia tradicional de África el padre y los niños tenían gran importancia. Una de las leyes fundamentales de la religión africana —ya se ha dicho que la religión permeaba cada fase de la vida africana— era que dentro de la sociedad tradicional, la familia servía como el vehículo principal para asegurar el engendramiento de personas que podían recordar los antepasados [62]. Es decir, que mientras había personas vivas en la sociedad africana que podían hacer perdurar en la memoria los nombres y varios atributos de un difunto, el muerto, aunque estaba físicamente ausente de su pueblo, lograba alcanzar

---

[60] *Juyungo,* pág. 114.
[61] ROBERT STAPLES, pág. 115.
[62] JOHN MBITI, págs. 27-36.

una especie de inmortalidad a través de los miembros de su familia. Dentro de la familia africana uno de los papeles fundamentales del hijo mayor era el de casarse. Su mujer, que venía a vivir con los parientes del esposo, servía al grupo familiar por su función biológica de producir hijos. Una cifra cuantiosa de esposas e hijos aseguraba la existencia del grupo étnico. Los miembros de la familia africana no sólo incluía a los padres y los hijos como se conoce en el mundo occidental, sino a los tíos y los hermanos e hijos de ellos. También forman parte de la familia los parientes muertos de cada individuo. En la familia tradicional de África no existía la soledad del individuo abandonado. Si el esposo moría, la viuda se casaba con un hijo de la misma familia. Tampoco se echaba del grupo familiar a la persona vieja. Todos los miembros de la familia trabajaban mutuamente. Cada individuo, a su turno, atendía a las distintas necesidades de los miembros del grupo familiar.

A través de la novelística de esta investigación se observan algunos sentimientos particulares sobre el papel del padre y el lugar del niño dentro de la comunidad negra. Junto con el deseo de sobrevivir que se manifiesta por las comunidades cimarronas de *Cumboto, Juyungo* y *Chambacú,* la desolación penetra en el espíritu de los esclavos de las fincas por su desesperada situación. En *Matalaché,* por ejemplo, el mayordomo esclavo, José Manuel, siente que es inútil casarse porque es esclavo. Lo expresa paladinamente en la conversación siguiente con su ama, María Luz:

—¿Y tú no quisieras casarte? —le interrogó María Luz, mirándole fijamente.
—Jamás he pensado en ello, señorita. Esclavo y casado, ¿para qué? [63].

José Manuel tiene la idea que un esclavo no es nada más que un simple instrumento de reproducción. Además, la idea de tener relaciones sexuales con las esclavas pasajeras contra la voluntad de éstas le daba vergüenza. Para José Manuel los derechos a la paternidad quedaban ahogados con la declaración de que el fruto de la unión sexual de los esclavos era propiedad del amo:

---

[63] *Matalaché,* pág. 47.

Y el fruto de estas uniones sólo venía a ser un guarismo más en el capital del amo. El derecho de la paternidad estaba supeditado por ese otro, odioso y ultranjante, de la accesión. Se engendraba para el amo de la hembra esclava, no para ésta ni para el engendrador. Los derechos de la paternidad quedaban ahogados, muertos con el nacimiento del hijo, sin poder desarrollar ninguno de los sentimientos dignificadores del deber y la responsabilidad y menos los del amor [64].

En *Juyungo* Adalberto Ortiz nos deja ver en el zambo Antonio Angulo, el mismo sentimiento de no querer procrear cuando, sintiéndose confuso y fuera de su lugar en la sociedad hostil en que vive, le sugiere a la negra Eva que aborte [65].

Durante la época esclavista las haciendas servían como centro familiar de la comunidad negra. Dentro de este ambiente el niño abandonado o el ahijado encontraba el afecto, la protección, la instrucción y los nuevos parientes que le ayudaban a sobrevivir. En *Cumboto* el niño esclavo Natividad, que vive en la Casa Blanca de los amos, llega a ser hijo adoptivo de la negra «Abuela Ana», que vive en la finca en estado de semi-libertad. Al decidir trasladarse de la finca cumboteña, Ana le revela a Natividad que siempre había sabido que tenía dos hijos:

> —Yo tuve dos hijos —habló la Abuela de nuevo—; tú lo sabe porque te lo he contado. Uno se me fue cuando tenía más o meno tu edad... Pero Dios e muy grande. Los hijos no hay necesida de parilo [66].

Otro caso semejante se manifiesta con el cariño paternal del viejo esclavo, Cervelión, por un niño abandonado en *Cumboto*. Adopta Cervelión como hijo al niño mulato que recibe misteriosamente una noche en una canasta dejada en la puerta de su choza. En el pasaje que sigue, Cervelión lamenta como un padre verdadero la muerte prematura de la criatura:

---

[64] *Ibíd.*, pág. 68.
[65] *Juyungo*, pág. 203.
[66] *Cumboto*, pág. 104.

La voz de Cervelión respondió: —Se me apareció una noche desamparado, y yo le di calor y fui un padre para él. Era mi hijo [67].

En realidad el hijo muerto de Cervelión era el hijo mulato que su propia ama, la señora Lamarca, abandonó. Distinta es la situación de Ascensión Lastre en *Juyungo*. Aquí, lejos de encontrar amparo, el muchacho es víctima de la brutalidad, como se evidencia en esta conversación entre Lastre y el forastero con quien se tropieza en su huida:

—¿Andas perdido? —averiguó el curcuncho.
—No.
—¿Tienes padre?

Iba a decir sí; pero como aún le dolían los golpes brutales de Gumersindo, quien lo abandonara inconsciente en el monte, a su propia suerte, seguramente aconsejado por la madrastra, respondió con viveza:

—No, no tengo. Soy guacharo [68].

No obstante, como ya se ha observado en otra sección de este estudio, padres negros como Lucio Cué, en *Ecué-yamba-O,* y don Clemente de Ayovi, en *Juyungo,* aman y trabajan orgullosamente por los hijos. Cuando falta a la familia negra la figura paterna en el hogar, es la mujer la que ocupa decididamente su lugar. En este papel recordamos a la Abuela Ana de *Cumboto* y a Clotilde, la viuda negra de *Chambacú.*

Abundan los testimonios sobre la importancia de la familia negra y la relación entre los padres y los hijos. Durante la época colonial muchos padres e hijos se vieron separados para siempre cuando el amo vendía indistintamente a los miembros de una misma familia. Tomando en cuenta esa costumbre, los autores retratan al afrohispanoamericano como una persona con un fuerte deseo de establecer un hogar donde pueda ofrecer cariño a los hijos sin padres. Naturalmente, el entusiasmo del negro ante la idea de poder legar una pequeña herencia a su prole ofrece un profundo contraste con su desdén por la idea de engendrar hijos que el amo pudiera vender para su propio provecho económico.

---

[67] *Ibíd.,* pág. 94.
[68] *Juyungo,* pág. 23.

Las aportaciones de la familia como vehículo cultural

La comunidad negra de las fincas y las ciudades a través de las épocas era un centro de contacto para el desarrollo y la evolución de las tradiciones africanas en las Américas. La choza de la abuela Ana es el lugar donde el esclavo Natividad participa como espectador del pasatiempo de escuchar historias de los extravíos de las almas en pena:

> Según el humor y la dirección en que navegasen sus pensamientos, el momento de mondar y batir era también el de contar los cuentos de aparecidos [69].

En el siglo XX el hogar del afrohispanoamericano continúa siendo el lugar singular donde aprenden los jóvenes la cultura ancestral. Por su atención al niño Menegildo, la afrocubana Salomé Cué de *Ecué-yamba-O,* es el prototipo de la madre que vigila la vida espiritual del hijo. A la manera de un «griot» o juglador, Clemente Ayoví, de *Juyungo,* relata cuentos de la madre patria a todos los habitantes de su casa. En el capítulo siguiente sobre la religión afrohispanoamericana se verán varias aportaciones culturales más a fondo.

El afrohispanoamericano frente a la fuerza bélica

A lo largo de las épocas, el motín, el alzamiento y la guerra desempeñan un papel importante en la vida del afrohispanoamericano. En *Matalaché-, Ecué-yamba-O* y *Cumboto* durante la época colonial los esclavos de las fincas usaban el motín para atacar a los amos y así aliviar sus frustraciones y angustias personales. Frecuentemente, el motín también señalaba el deseo por parte de los esclavos de mejorar las condiciones de vida de todos los hombres que sufrían bajo el sistema social de la esclavitud, inclusive los indígenas de la América española. El esclavo mulato José Manuel, comunica este sentimiento a otro esclavo negro, «Ño» Parcemón, en una noche de gran descontento en la finca de la Tina de *Matalaché.* Las palabras de José Manuel ofrecen el pronóstico del futuro terror:

> —Ya te he dicho que eso lo vamos a hacer con los blancos, y

---

[69] *Cumboto,* pág. 44.

los indios, y los mestizos y todos los desesperados de esta tierra. El día está por llegar. Me lo dice mi corazón y ciertos rumores que vienen de la costa abajo. Porque esto no puede seguir así, ño Parcemón. No es posible que trabajemos como animales y que nunca tengamos nada para disfrutarlo a nuestro gusto [70].

Los fugitivos cimarrones también se destacan como grupos negros que guerreaban contra los amos de las fincas durante la época colonial. En *Juyungo* aprende el negro Ascensión Lastre del famoso jefe de una comunidad cimarrona, Alfonso de Illescas, cuando le relata su historia el estudiante Nelson:

—En los primeros años sí. Capitaneados por un famoso e inteligente negro llamado Alfonso de Illescas, entraron en alianzas y guerras con los indios, hasta apoderarse de toda la costa que va desde Buenaventura hasta Manta, y prácticamente, se independizaron de España. Mucho más tarde, cuando la zona fue pacificada, los blancos españoles que había por aquí, y los mismos mestizos, los fueron cogiendo poco a poco como conciertos, que daba casi lo mismo que ser esclavos. Sólo unos pocos se libraron, trabajando por su cuenta [71].

La novela *Juyungo* revela una continuación de los sentimientos de protesta social en el siglo xx al retratar al Comandante Lastre como una figura legendaria de la historia de la América española. El Comandante Lastre, tío del protagonista negro, Ascensión Lastre, demuestra su intención de mejorar la suerte de su grupo étnico en la plaza de Esmeraldas en 1914 con un grito emocional:

«¡Estoy montao sobre la raza blanca!» [72].

Para los esclavos, que pasaban toda su triste vida bajo el mando del amo y acorralados en el ambiente de la hacienda, la realización del motín, el alzamiento o las guerras de Independencia les daban nuevas oportunidades y experiencias. Por ejemplo, en *Cumboto* la negra Abuela Ana recuerda la época durante la cual venía a Cumboto el esclavo Julián, de la familia Iztueta, dos o tres veces a la semana buscando bastimento para sus amos. Como los Iztueta no podían salir de la

[70] *Matalaché*, pág. 90.
[71] *Juyungo*, pág. 152.
[72] *Ibíd.*, pág. 51.

ciudad porque estaba rodeada de guerrilleros, el esclavo llegaba a la finca por un camino secreto. Explica la Abuela Ana cómo trabajaba su propio abuelo durante aquellos tiempos:

> Mi agüelo Mamerto no descansaba llevando comisiones, herrando caballos, fabricando balas [73].

En el Ecuador de *Juyungo,* se describe a los negros soldados macheteros de la provincia esmeraldeña que se destacan por su valor cuando van a pelear a la frontera peruana en el año 1942. Es durante esta época cuando el protagonista negro, Ascensión Lastre, se alista en el ejército de su país como voluntario. Cede su odio racial al descubrir allí, en medio de la lucha, que todos los hombres son iguales. El pasaje siguiente revela los sentimientos de Ascensión:

> Y él, entre ellos, peleando por el mismo motivo, lleno, quizá, de iguales pensamientos, de las mismas angustias, de idénticas desesperanzas. Pero estos indios no lo miraban ni bien ni mal; tal vez bien, a lo mejor. Ninguno sabía su historia, ni se preocupaban de ella. Estos indios tenían, en la maleta de sus recuerdos, una vida diferente; pero igualmente miserable. ¿Valía cualquiera de ellos más que un negro? Nadie era mejor, nadie peor; tontera de la gente: «Y él que no tiene de inga, tiene de mandinga», decía Nelson. Ascensión Lastre, el más negro de los negros, estaba como un hermano junto a aquellos indios. Siempre había estado mezclado con indios. Toda su vida, sólo fue un negro entre indios [74].

La guerra como vehículo de libertad sexual y botín

Otra dimensión de la acción bélica del soldado afrohispanoamericano eran las experiencias singulares que le permitían la libertad sexual, como aparece en *Cumboto* y *Chambacú.* En *Cumboto* se pinta al soldado negro que rapta a la mujer blanca de las haciendas. Por otra parte, la guerra internacional de *Chambacú* ofrece al soldado negro la oportunidad de encontrar a una esposa europea. Para más detalles sobre este asunto hay que referirse al capítulo de esta investigación cuyo tema central es la vida sexual del afrohispanoamericano.

---

[73] *Cumboto,* pág. 84.
[74] *Juyungo,* págs. 212-213.

Los autores explican el interés de sus personajes en la guerra por el botín que obtenían. En *Juyungo* y *Cumboto* se ve que los cimarrones y los esclavos de las haciendas hicieron la guerra contra los blancos para aplacar su hambre y satisfacer otros deseos. En *Chambacú*, Zapata Olivella presenta a José Raquel como el soldado afrocolombiano que aprende a sacar el botín del cuerpo muerto. José Raquel sirve de enfermero en un gran hospital militar de Corea. Un compañero puertorriqueño pronto le enseña cómo no arriesgar la vida y cómo quedarse fuera de las trincheras. Explicando un negocio lucrativo entre unos amigos de su pueblo al volver a Colombia después de la guerra, José Raquel revela el secreto de su éxito financiero:

> Entonces me dio unas señas para que visitara a un coronel inglés que había vivido mucho tiempo en México y que en Seúl trabajaba en el Comando de las Naciones Unidas. El negocio resultó muy sencillo. En el hospital uno debía arrebatarle los documentos de identificación a los moribundos antes de que murieran, pues cuando esto sucedía los requisaba el oficial de guardia. Por los documentos el inglés nos entregaba dólares. Si era cabo: cincuenta. Por un sargento: cien. Lástima que de sargento para arriba el negocio se ponía peligroso para el coronel. Y eran pocos los peces gordos que se hacían matar. Buen negocito que hacía el muy avispado, aunque para decirles verdad, él apenas era uno de tantos de la cadena de aprovechadores en donde yo y otros enfermeros, éramos los que menos ganábamos pese a que corríamos más riesgos. Una vez robados los papeles al moribundo, lo demás era pilado [75].

Termina José Raquel el asunto de robarles sortijas, relojes, pulseras, cigarrillos y la vida, si era necesario:

> No sólo les robaban los documentos, sino que agonizantes y forcejeando con ellos en el pataleo de la muerte, les arrebataban sortijas, relojes, pulseras, cigarrillos y otras cosas que allá en Corea tenían mucho valor [76].

Terminada la guerra, se destaca José Raquel, de *Chambacú,* como el ex-soldado con la esposa suiza. La vida sencilla que conocía antes de hacerse soldado cambia por una de soledad. Contaminado ahora por

---

[75] *Chambacú,* pág. 60.
[76] *Ibíd.*

el dinero y la marihuana, se le señala como traidor cuando deja a su fiel mujer blanca y a su familia negra para aliarse con el explotador político de la ciudad ante la promesa de una gran cantidad de dinero. Su hermano muere en la marcha final del pueblo que protesta contra el grupo del cual el endrogado José Raquel se ha hecho partidario.

A lo largo de los siglos el hombre negro ha combatido con las armas en las mano. Durante la época colonial se destacan los esclavos y los fugitivos cimarrones que entran en alianzas con los indios contra los amos de las haciendas. Luego, durante las guerras de la Independencia los esclavos ayudan al hacendado blanco en las luchas patrióticas. Hay varias pequeñas luchas de protesta social del pueblo negro y también las grandes batallas de carácter internacional. En casi todas las actividades bélicas los autores retratan episodios de encuentros sexuales entre los afrohispánicos y las mujeres «enemigas», y durante la guerra de Corea los soldados negros aprenden el negocio lucrativo del botín de guerra que luego utilizan para traicionar al pueblo negro.

CAPÍTULO III

EL TEMA DE LA RELIGIÓN Y LAS IDEAS FILOSÓFICAS EN LAS NOVELAS

La importancia y la significación del tema de la religión y las ideas filosóficas en las novelas

El tema de la religión es, en este estudio, la clave fundamental para abrir la puerta al mundo verdadero del afrohispanoamericano. Se entiende por religión tradicional de África la doctrina espiritual de los primeros fundadores de los pueblos esclavos africanos de las Américas. Las novelas usadas en esta investigación documentan la actividad creadora de la colectividad afrohispanoamericana a través de los siglos por la expresión de varias creencias y acciones que manifiestan y definen las tradiciones africanas que dirigen la vida cotidiana. Como parte integral de la historia de la humanidad, la diáspora africana de la época colonial introduce en el mundo Occidental muchas de las viejas costumbres y tradiciones de su tierra ancestral. En estas novelas la presencia de los esclavos africanos y sus descendientes de la América española simbolizan el eslabón vital por donde fluyen en el tiempo las energías físicas y espirituales de su pueblo nativo.

La representación del tema de la religión en las novelas

En este estudio el tema de la religión se subdivide en tres aspectos: 1) Los elementos de la religión tradicional de África en la América española; 2) Los poderes más altos del universo religioso y la comunidad afrohispanoamericana, y 3) Otras observaciones importantes.

Los elementos de la religión tradicional de África en la América española

Para entender mejor el modo de ser de los descendientes del continente africano en la América española es necesario considerar algunos conceptos antiguos de la madre patria. En el África el hombre se siente parte de un universo religioso creado por un Dios que ocupa la cima de ese universo. Para el africano, este universo particular tiene un orden especial y ciertas leyes fundamentales que nunca cambian. Dentro de este sistema los vivos igual que los muertos, se sitúan dentro de un designio jerárquico en el plano central mientras que los minerales, las plantas y los animales ocupan los rangos menores. Cada elemento de la creación tiene ciertos poderes o fuerzas y el conjunto de todos estos elementos entreactúa de una manera recíproca. El comentario de Harris Memel-Foté, de la Universidad de Abidján, en la Costa de Marfil, explica el concepto africano sobre las varias entidades de la creación divina:

> According to the second law, there is an interaction between beings so that reciprocal influences take place in all directions, vertically from higher beings to lower beings; in the other direction by mediations horizontally between equal forces [1].

Para el laboratorio, los africanos utilizaban el universo entero y su ciencia, que investigaba la esencia de todas las cosas, manifestábase de acuerdo con muchas ideas universales que caracterizan el campo religioso del hombre contemporáneo. Señala *Ecué-yamba-O* la práctica moderna de la antigua religión con el viejo sabio afrocubano Beruá, que sabe mucho sobre los poderes ocultos del medio vital. El pasaje que sigue refiere las dificultades que experimenta Salomé, la madre del protagonista, Menegildo Cué, cuando intenta penetrar los límites del otro mundo:

> Pero entre los hombres existían vínculos secretos, potencias movizables por el conocimiento de sus resortes arcanos. La pobre ciencia de Salomé desaparecía ante el saber profundísimo del viejo Beruá [2].

Manifiesta la religión tradicional de África el concepto universal de un Dios como el Ser supremo conocido por la humanidad como el creador de todas las cosas. Se sabe también, dentro de la filosofía

---

[1] HARRIS MEMEL-FOTE, «The Perception of Beauty in Negro-African Culture», *First World Festival of Negro Arts; Colloquium on Negro Art.* Society of African Culture, UNESCO (París, France: Editions Presence Africaine, 1968), págs. 47-48.

[2] *Ecué-yamba-O,* pág. 54.

tradicional de África, que Dios vivió alguna vez en la tierra con el hombre. No obstante, entró el mal en el mundo cuando Dios se separó del hombre[3]. Se personifica este mal a veces en la forma del diablo. Aprende el esclavo Natividad que el diablo puede tener muchas formas cuando le explica este asunto la Abuela Ana de *Cumboto:*

—Y ¿como cuántos diablos hay, abuelita?

La pregunta era casi siempre de Pascua, porque las mujeres ponen más atención que los hombres en las cosas del infierno. La Abuela le respondía con la doctoral vaguedad con que siempre salía del paso en las coyunturas difíciles.

—Mucho, muchísimo, tanto que no pueden contarse. Pero no todo son iguale ni tienen el mismo poder. Uno dominan pueblos entero, ciudades y campo; otro no pueden pasar de una casa; otros, en fin, apenas alcanzan a la persona[4].

A partir de la creencia fundamental que presenta a Dios como el originador de todas las causas y efectos del universo, sabe el africano que el hombre o, a veces, algo dentro de su medio, puede también causar el bien y el mal. De acuerdo con este concepto los protagonistas afrohispanoamericanos de estas novelas toman diversas precauciones para remediar las situaciones difíciles o para protegerse contra la mala suerte.

¿Superstición, magia o religión?

Para mejor entender la novelística negra y lo que muchos llaman la cualidad mágica y supersticiosa que persiste en la psique de los descendientes de africanos en la América española es importante examinar este fenómeno dentro del contexto religioso de la sociedad ancestral.

Para el propósito de este estudio, se puede definir la magia como la creencia en la habilidad de manipular las fuerzas no humanas para alcanzar un fin deseado. De esa manera, la palabra superstición se refiere a un sistema de creencias que tienen que ver con el mundo no humano que coexiste con el ser humano.

---

[3] MBITI, págs. 266-277.
[4] *Cumboto,* págs. 44-45.

Explica en *African Mythology* que para emprender el sentido profundo de los mitos y leyendas de la sociedad africana, hay que estudiarlos cuidadosamente [5]. *Cumboto, Ecué-yamba-O* y *Juyungo* se destacan como las voces de pueblos afrohispanoamericanos que conservan las tradiciones literarias de África.

Los mitos y leyendas del pueblo africano identifican ciertas costumbres y tradiciones que, aunque se presenten como elementos de la magia o la superstición, realmente forman la base de la cultura de la sociedad:

> They are the very bedrock of an ancient and elaborate set of religious beliefs that permeate African life. But what sort of religious ideas were they...blind and pointless superstitions, crude and childish makebelieve? Were Africans simply fetish worshipers, idolaters of magical lumps of wood and stone? All these and many similar labels were pinned on Africans by non-Africans...More thoughtful men armed with the findings of modern research, see things otherwise [6].

Explica el teólogo John Mbiti que asimismo dentro de la comunidad africana existen muchas creencias que tienen su base en lo falso, en el terror, en la exageración o en lo ilógico [7]. En *Chambacú,* el novelista médico Zapata Olivella describe supersticiones o ideas sobre la magia y los poderes no humanos de unos individuos del barrio negro de Colombia:

> El juego de naipes. Le parecían otros, desconocidos. Acurrucada, alargado el cuello y los labios temblorosos, tomaba una vida palpable que jamás exhibía en su existencia diaria. La superstición y la magia le comunicaban vitalidad. Balcebú. El Ánima Sola. Los clavos de Cristo. La oración para alejar a Lucifer. Las costillas de murciélago. Los bigotes de gato negro, recortados en noche de celo. La sangre fresca del chivato. Poderes sobrenaturales que venían cabalgando la mente de los negros desde el foso lejano de la esclavitud [8].

---

[5] GEOFFREY PARRINDER, *African Mythology.* (New York: Paul Hamlyn, 1967), pág. 16.

[6] BASIL DAVIDSON, *African Kingdoms* (New York: Basil Davidson and Editors of Time Life Books, 1971), pág. 122.

[7] MBITI, pág. 264.

[8] *Chambacú,* pág. 20.

Afirma el teólogo Mbiti que todo pueblo africano reconoce el poder no humano que coexiste con ellos en su medio:

> The majority [de la gente] if not all, fear it, and many of them have encountered it in their normal life. This mystical power is not fiction: whatever it is, it is a reality, and one with which African peoples have to reckon [9].

Los africanos que siguen las creencias de sus antepasados creen que cada acontecimiento tiene su causa y efecto. De esta manera el drama de la vida cotidiana del africano tradicional y el de los afrohispanoamericanos de estas novelas consiste siempre en buscar un modo de establecer o restablecer el orden total y el ritmo armonioso de la naturaleza que conocían los antepasados fundadores de su civilización. Por eso, en todas estas novelas figuran hombres que saben utilizar la antigua religión y otras creencias filosóficas para remediar los problemas de la comunidad negra. En *Chambacú*, por ejemplo, Bonifacio representa al yerbatero que, ante la destreza del médico universitario, se ve obligado a reconocer los límites de su habilidad en la civilización contemporánea.

Como contraste, la novela *Cumboto* dibuja al esclavo Natividad como un personaje que, a pesar de su apreciación de la lógica europea aprendida del amo, Federico, tiene todavía algo dentro de su ser que no le deja renunciar a las teorías que ha formulado sobre el mundo como resultado de su contacto con Ana y varios otros negros de la finca.

A pesar de lo dicho, es importante señalar que al examinar los conceptos de las religiones e ideas filosóficas de África en las Américas fuera del sistema ontológico de los antecesores africanos, surge la tendencia a ver al africano y sus descendientes como individuos supersticiosos. Para algunos científicos del mundo occidental, el aceptar el aspecto psíquico del hombre que manifiesta la habilidad de percibir la realidad no humana a través de la facultad extra-sensorial resulta difícil por faltar la base física. En cambio, algunos investigadores declaran que la habilidad psíquica de percibir la realidad del más allá no necesita

---

[9] MBITI, pág. 258.

una base física precisamente por el carácter extrasensorial del proce-dimiento cuasi-intuitivo [10].

Hay tradiciones numerosas de los pueblos indígenas de las Amé-ricas que revelan que la comunidad sacerdotal también conocía el fe-nómeno de los poderes extrasensoriales. Es decir, que se usaban varias técnicas para comunicarse con el mundo no humano. Junto con la teorética africana, que también manifestaba esta tendencia, la literatu-ra hispanoamericana es, a la vez, heredera de la estampa de los gran-des místicos españoles como Santa Teresa de Ávila y San Juan de la Cruz. En este sentido, a través de varias técnicas del poder intuitivo del mundo no humano, se relaciona la doctrina de los místicos de España con la de los especialistas de la tradición africana de las Amé-ricas, porque los dos grupos teóricos utilizan varios poderes del mundo no humano para obtener un mayor conocimiento de la realidad.

Un elemento esencial para la interpretación de la religión tradi-cional y las ideas filosóficas de África es el sistema ontológico. Según John Mbiti, se puede dividir el sistema ontológico africano en cinco categorías. Todas estas categorías se relacionan en una unidad com-pleta [11].

Nada puede disminuir esta visión ontológica porque es una mani-festación de Dios y es imposible destruir al Creador y Originador de todas las cosas [12]. El siguiente pasaje reproduce el esquema que co-menta Mbiti:

1. God as the ultimate explanation of the genesis and sustenance of both man and all things.
2. Spirit beings made up of superhuman beings and the spirits of men who died a long time ago.
3. Man, including human beings who are alive and those about to be born.
4. Animals and plants, or the remainder of biological life.
5. Phonemena and objects without biological life [13].

---

[10] R. A. McConnell, «ESP and Credibility in Science», *Dimensions of Psychology; Introductory Readings,* ed. Gale B. Bishop (Philadelphia: J. B. Lippincott Co., 1972), págs. 199-208.
[11] Mbiti, págs. 19-21.
[12] Mbiti, págs. 20-21.
[13] *Ibíd.,* pág. 20.

La expresión antropocéntrica que sigue el mismo concepto de la ontología africana, también es importante para entender al pueblo afrohispanoamericano de las novelas:

> Expressed anthropocentrically, God is the Originator and Sustainer of man; the Spirits explain the destiny of man; Man is the centre of this ontology; the animals, plants and natural phenomena and objects constitute the environment in which man lives, provide a means of existence and, if need be, man established a mystical relationship with them. This antropocentric ontology is a complete unity or solidarity which nothing can break up or destroy. To destroy or remove one of these categories is to destroy the whole existence incluiding the destruction of the Creator, which is impossible [14].

Es de notar, igualmente, que fuera de este concepto ontológico, existe una especie de poder no humano, fuerza cósmica o energía suprema que fluye por el universo entero. Esta corriente de energía, como otra manifestación de Dios, es lo que da la unidad al universo. Para los negros de la América española y sus progenitores africanos, el medio total que habitan se llena de un carácter vital. Por eso, sobre todo en *Chambacú* y *Ecué-yamba-O*, se observa al especialista negro como gran colector de objetos del reino mineral y vegetal. Son estos especialistas, con conocimiento de los poderes no humanos, los que procuran formar los lazos con el mundo espiritual para el pueblo.

Se puede clasificar la dimensión temporal que observa el africano tradicional como un sistema de dos épocas importantes. Estos tiempos o períodos son el pasado y el presente. En vez de pensar tanto en los bienes que trae el futuro, el africano tradicional sabe la importancia de fortalecer los lazos con los miembros más viejos de la familia porque pronto vivirán en el pasado, la esfera más importante para la comunidad. Abajo se subrayan algunas diferencias entre el concepto del tiempo que observa el mundo occidental y el de África:

> According to traditional concepts, time is a twodimensional phenomenon, with a long past, a present and virtually no future. The linear concept of time in western thought, with an indefinite past, present and infinite future, is practically foreign to African thinking. The future is virtually absent because events which lie in it have not taken place, they have not been realized and cannot, therefore, constitute

---

[14] *Ibíd.*

> time. If, however, future events are certain to occur, or if they fall
> within the inevitable rhythm of nature, they at best constitute only
> potential time, not actual time [15].

Simboliza la muerte de los ancianos para la comunidad el rumbo normal que toma el cuerpo al pasar por la puerta de la realidad física
a la realidad del mundo espiritual. Las actividades y creencias mani-
festadas por el pueblo afrohispanoamericano en la novelística señalan
no sólo la presencia del elemento africano en la vida diaria, sino, también, las energías que gastan los miembros de la comunidad en su
intento de conservar el recuerdo de muchas de las leyes fundamentales
de los fundadores de la sociedad. El pueblo africano, a su manera,
mantiene el contacto con los antepasados de la época prehistórica que,
para ellos, todavía habitan la realidad actual de África y la América
española.

*El sincretismo de la religión africana con elementos del cristianismo
católico.*

Cuando los negros se ponían en contacto con la cultura del mundo
occidental durante la época de la esclavitud, la dimensión temporal
del futuro que ofrecía la cultura española tenía un gran impacto sobre
los grados del sincretismo cultural con las tradiciones de la religión
africana. En *Chambacú* el protagonista afrocolombiano, Máximo, muestra cierta angustia ante lo que interpreta como la asfixia de la cultura
negra por la sociedad blanca. Indica Máximo, como evidencia del des-
equilibrio sincrético, que el idioma español que habla la comunidad
negra del siglo xx ni siquiera tiene palabras con las cuales los descendientes de los esclavos puedan expresar su cultura de una manera
precisa. Máximo comenta este asunto con la mujer suiza de su hermano:

> Pero no sólo somos un saco de apetitos contenidos. Nuestra cultura
> ancestral también está ahogada. Se expresa en fórmulas mágicas. Su-
> persticiones. Desde hace cuatrocientos años se nos ha prohibido decir
> «esto es mío». Nos expresamos en un idioma ajeno. Nuestros senti-
> mientos no encuentran todavía las palabras exactas para afirmarse [16].

---

[15] MBITI, págs. 22-23.
[16] *Chambacú,* pág. 121.

A pesar de las dificultades lingüísticas, como la religión tradicional de los esclavos africanos subrayaba la creencia en un solo Dios como el omnipotente creador del universo y la idea de múltiples santos o espíritus, les fue relativamente fácil asimilar algunas ideas teológicas de sus amos católicos. A diferencia del cristianismo, los negros no creían que los santos y espíritus de África existieran más allá en la gloria del cielo, sino, dentro de su modo de pensar, los personajes del mundo no humano estaban junto a ellos en la misma realidad vital de las tierras hispanoamericanas.

Relata Ana, la abuela africana de Cumboto, su teoría personal acerca de los seres no humanos:

> —Porque a pesar de lo que digan los incrédulos, los espíritus de lo que se fueron están siempre junto a nosotro y vuelven a recorre sus pasos y a cumpli la penitencia de sus pecados [17].

Aunque los santos africanos eran de color, muchos parecían blancos en la representación exterior, según se indica en *Ecué-yamba-O:*

> Ya se sabe que Cristo, San José, las Vírgenes, San Lázaro, Santa Bárbara y los mismos ángeles son divinidades «de color». Pero son blancas en su representación terrenal, porque así debe ser [18].

Se repite una vez más que la tradición religiosa objeto de esta investigación se manifiesta como una ciencia empírica formulada por el pueblo africano y sus descendientes desde la antigüedad. Es necesario comprender los conceptos mencionados arriba para apreciar las ideas que exponen las novelas sobre la superstición, la magia y el sincretismo cultural de la religión africana y el cristianismo español.

Los poderes no humanos del universo y la comunidad afrohispanoamericana

La realidad vital

Muchos aspectos de la religión y la filosofía de África se manifiestan a través de una fuerza cósmica que llena y afecta todo el universo.

---

[17] *Cumboto,* pág. 46.
[18] *Ecué-yamba-O,* pág. 114.

Para la comunidad negra de las novelas, esta fuerza cósmica se manifiesta en la forma de varios poderes no humanos que coexisten en la realidad de su medio particular. Esta fuerza cósmica puede expresarse por los santos ayudantes de Dios o por medio de los elementos de la realidad, como el hombre, los animales, las plantas y las piedras [19]. Hasta cierto punto este concepto filosófico de la realidad que se llena de numerosas fuerzas potentes tiene muchos puntos de contacto con la visión panteísta que caracteriza al mundo oriental.

Dentro del medio novelístico de este estudio, el afrohispanoamericano reconoce una realidad física o visible y un mundo espiritual o invisible. Además, la comunidad negra de la América española percibe su medio orgánico e inorgánico como un instrumento imbuido de varias cantidades de fuerzas poderosas que se pueden organizar en distintas categorías jerárquicas. En este sentido cada planta o animal y cada río se ve como una entidad de gran valor por ser poseedor de un poder oculto. Para mejor acercarse al medio vital del mundo afrohispanoamericano representado en las novelas por los poderes no humanos, es necesario considerar el concepto de: a) las orishas, los santos y otros espíritus; b) los especialistas de la comunidad negra, y c) otros fenómenos.

Las orishas, los santos y otros espíritus

Como se destaca en esta novelística, los descendientes de africanos en la América española viven en un ambiente poblado por las orishas, los santos y otros espíritus. Para la comunidad negra, estos seres representan la personificación de varios grados de fuerzas potentes que penetra el universo. La palabra «orisha» viene de la lengua yoruba y quiere decir en español santo, fuerza o divinidad. En los tiempos antiguos de África la cultura yoruba se extendía geográficamente por varias regiones del continente. Es decir, no fue solamente una expresión exclusiva del centro cultural de Nigeria.

En *Chambacú* y *Ecué-yamba-O,* la madre negra prende velas en el altar de la casa a ciertos santos como San Lázaro o la Virgen de la

---

[19] Para más detalles sobre este asunto, consultar las obras de Lydia Cabrera citadas en la bibliografía de este trabajo.
[20] MBITI, págs. 253-265.

Candelaria. No obstante el nombre católico, muchos de los santos comunes de la población negra de las Américas representan, frecuentemente, a la orisha africana [21].

El pasaje que sigue de *Ecué-yamba-O* es una ilustración de una oración ofrecida simultáneamente a santos respetados en las dos culturas:

> San Lázaro, Babalú-Ayé, debía acompañar la aplicación de todo remedio... Cristo, clavado y sediento, eres Obatalá, dios y diosa en un mismo cuerpo, que todo lo animas... Y tú, Santa Bárbara, Shangó de Guinea, dios del trueno, de la espada... Y tú, Virgen de la Caridad del Cobre, suave Ochún, madre de nadie, esposa de Shangó, a quien Juan Odio, Juan Indio y Juan Esclavo vieron aparecer, llevada por medias lunas, sobre la barca que asaltaban las olas [22].

En África se conservan algunas leyendas y mitos que explican varios fenómenos de la naturaleza que ocurren dentro del universo espiritual. En estas leyendas aparecen con frecuencia las orishas Shangó, el dios del trueno; Obatalá, una divinidad andrógina de los afrocubanos, y Yemeyá, la diosa y madre de todas las aguas [23]. Todavía en la América española del siglo xx continúa el recuerdo de aquellas tradiciones mitológicas de África. En las novelas se ven a las familias afrohispanoamericanas en el proceso de la educación espiritual de los hijos. El protagonista afrocubano, Menegildo Cué, de *Ecué-yamba-O,* no ha olvidado las lecciones religiosas que le enseñaba su madre, Salomé. A los diecisiete años, el mozo Menegildo ya conoce a los espíritus Yemayá, Shangó y Obatalá como entidades intachables:

> Sin embargo, pensaba muchas veces en la mitología que le había sido revelada, y se sorprendía, entonces, de su pequeñez y debilidad ante la vasta armonía de las fuerzas ocultas... En este mundo lo visible era bien poca cosa. Las criaturas vivían engañadas por un cúmulo de apariencias groseras, bajo la mirada compasiva de enti-

---

[21] Para más detalles sobre este asunto, consultar la obra de Lydia Cabrera citada en la bibliografía de este trabajo.

[22] *Ecué-yamba-O,* pág. 110.

[23] MBITI, págs. 37-96.

dades superiores. Oh Yemayá, Shangó y Obatalá, espíritus de infi-
nita perfección! [24].

Se presenta en *Juyungo* una circunstancia común a la instrucción espiritual cuando el viejo afroecuatoriano don Clemente explica a la joven Eva y otros miembros de su casa la historia de Yemayá, la madre
de las aguas. Según don Clemente, llega la madre de las aguas con
las grandes inundaciones porque necesita mucha agua para viajar. Tiene la forma de una serpiente con múltiples cabezas y llega a la tierra
cada cincuenta años:

> La madre del agua era una descomunal serpiente de siete cabezas.
> De puro vieja tenía la piel cubierta de conchas verdes y cerdas du-
> ras y largas como agujas de ensartar tabaco... Cada cincuenta años,
> la madre del agua, más gruesa que cualquier tronco de la jungla,
> hacía su salida al mar. Pero como para poder viajar, necesitaba mucha
> agua, hinchaba los esterones y los arroyuelos hasta el máximo límite.
> Arrancaba los árboles y los matorrales, y arrojándolos a la gran cre-
> ciente del río Esmeraldas, se sumergía bajo ellos, y así escondida,
> bajaba al Gran Océano, para juntarse a sus amantes [25].

Otro grupo de santos que tienen importancia para la población afrohispanoamericana son los santos que vivieron alguna vez en la tierra
como fundadores de pueblos. La familia Cué, como varios otros afrocubanos de *Ecué-yamba-O*, se refiere con frecuencia a los santos que
fundaron el pueblo de Guinea. Otra serie de espíritus que se manifiestan por la realidad vital del medio afrohispanoamericano son los
que pertenecen a la categoría de los seres recién muertos. En las tradiciones de África, a este grupo de muertos se les llama *difuntos vivos* [26]. Según la creencia africana, el conjunto de espíritus recién muertos puede encerrar una etapa histórica que se extiende en el pasado
hasta cinco generaciones después de la desaparición del individuo muerto de la realidad física. La otra categoría de muertos situados en la
larga dimensión temporal del pasado se reserva para los primeros fundadores de los pueblos africanos. Se ve a este grupo de muertos como
los bien descansados y son muy estimados por la comunidad porque
se acercan más a la etapa pre-histórica que conoce los grandes acon-

---

[24] *Ecué-yamba-O*, pág. 54.
[25] *Juyungo*, pág. 136.

tecimientos de la vida humana como, por ejemplo, el momento de la creación del universo.

La población afrohispanoamericana utiliza el conocimiento que los espíritus revelan de la vida del pasado para sacar los espíritus malos y para protegerse contra los enemigos. En *Ecué-yamba-O*, el negro Antonio explica a su primo Menegildo que hay momentos en la vida cuando las fuerzas malas del cosmos pueden influir en la suerte de uno. Continúa su relato diciendo que va al cementerio a pedirle a Santa Teresa que le venda un ser malo que todavía no esté bien descansado para echar en la cara del enemigo:

> —Voy a il esta misma noche —proseguía Antonio—, Santa Teresa, que es macho un día y hembra al otro día, es la dueña de todos los muertos. Hay que hablarle: «Santa, véndeme un ser». ... Uno saca un ser que está malo. Malo. Que no haiga descansao entodavía. Te lo llevas contigo y se lo echa a tu enemigo [27].

El pasaje que sigue da una idea de cómo se prepara la ceremonia para combatir los espíritus malos:

> Menegildo reconstruía mentalmente la ceremonia de preparación de aquellos talismanes. El brujo, sentado detrás de una mesa de madera desnuda, sacando de jícaras llenas de un líquido espeso aquellos collares, aquellas cadenas, que se doblaban en espiral, formaban el 8, dibujaban un círculo, se arrastraban y palpitaban sobre el corazón del hombre con una vida tan real como la que hacía palpitar el corazón del hombre [28].

Para enfrentar al enemigo, Antonio va a utilizar un collar talismán que contiene la fuerza de un ser muerto, pero siempre queda la posibilidad de que el adversario también pueda atraer un ser poderoso [29].

Como se ha indicado, la muerte en las sociedades tradicionales de África tiene un sentido profundo en las novelas. África posee un gran número de mitos que introducen la muerte en el mundo físico del ser humano como un acontecimiento que Dios impone como parte del ritmo natural de la vida. Los personajes africanos de estas novelas in-

---

[26] Para más detalles sobre los «living dead», véase MBITI, págs. 107-118.
[27] *Ecué-yamba-O*, pág. 201.
[28] *Ibíd.*
[29] *Ibíd.*, pág. 202.

dican que cuando ocurre una muerte fuera de lo natural, en la mayor
parte de los casos es el resultado de fuerzas malas. De acuerdo con
estas ideas, las novelas indican que reina el mal y el odio en la muerte
repentina de todos los protagonistas principales. Como era de esperar,
el acto de fundar la sociedad de la América española sobre un sistema
de trabajo que exigía el avasallamiento del prójimo desvalido iba a
fomentar todos los elementos de la destrucción que pudieran acompañar a la codicia y al odio [30].

   Cumboto introduce una ceremonia espectacular donde los negros
de la finca tratan de utilizar poderes no humanos para restaurar el
balance de la muerte [31]. El episodio tiene lugar cuando el esclavo
mulato Cruz María, de la finca cumboteña, sufre la muerte a manos
del amo después de violar las leyes que prohíben vínculos amorosos
entre blancos y negros.

   También muere el mayordomo José Manuel, de *Matalaché,* cuando
se enamora de la hija blanca de su amo. Otro incidente precipitado
por relaciones amorosas se presenta en *Ecué-yamba-O* cuando el joven
protagonista Menegildo Cué atrae la muerte a su persona por amar
a la mulata que pertenece al haitiano de un pueblo rival. *Juyungo* y
Chambacú atribuyen la muerte de Ascensión Lastre y Máximo, el hijo
de la viuda negra Coteña, como el resultado de malas fuerzas traídas
por la guerra.

   La actividad de los recién muertos en la religión tradicional de
África recuerda la creencia católica en las almas del Purgatorio. El
viejo Natividad, de *Cumboto,* en el pasaje que sigue, relata a los
otros esclavos las explicaciones de Ana, una de las negras más versa-
das en los ritos africanos:

>   Para ella existían dos zonas perfectamente delimitadas en el orden
>   de los fenómenos del «otro mundo», la de las almas en pena y la
>   de los demonios [32].

La sabia Ana también se empeñaba en aclarar las ideas imprecisas de
su gente en todo lo relacionado con las tradiciones culturales:

---

[30] Véase el capítulo dos de la investigación que trata del medio socio-
económico.

[31] Véanse las páginas 150-151 de este capítulo.

[32] *Cumboto,* pág. 46.

—Mucha gente —explicaba— confunde una cosa con otra, pero eso es un disparate. Lo diablo no tienen nada de común con lo difunto y ma bien se dice que lo persiguen. Lo diablo no hacen ma que maldade, espantan a la gente y ponen todo su empeño en hacela que se condene. Ello son los que soplan en el odio de los hombres para que cometan crímenes horroroso, los que calientan la cabeza a la mujeres para hacerla peca; lo que empujan a los hijo contra lo padre; son, en fin, lo que causan todo lo malo, hacen crece lo río, temblar la tierra y perdese la cosecha [33].

La Abuela Ana, en sus comentarios sobre la legión jerárquica del reino infernal, citaba a Mandinga como el diablo más malo. Al decir su nombre tomaba los remedios que siguen para protegerse de su poder terrible:

Al nombrar este personaje, la Abuela se santiguaba invariablemente con gran reverencia. Y sus labios musitaban la fórmula de un piadoso conjuro: «Ave María Purísima». Mandinga, llamado también Belcebú, el Maligno y el Enemigo, sólo se hacía sentir en las grandes conmociones del mundo, en las catástrofes nacionales e internacionales. Sobre todo en las guerras. Él es el ángel del mal, monarca de las tinieblas a quien el Señor arrojó de los cielos en castigo de su soberbia. Desde entonces reina con poder absoluto sobre la vida de los humanos y les hace sufrir [34].

Años más tarde, cuando el niño Natividad se hace hombre, se da cuenta que la finca de *Cumboto* era un lugar de muchos encantamientos. Como esclavo maduro sabía, a la vez, que cuando ocurría una muerte o algún fenómeno algo difícil de explicar, el mundo de los negros se llenaba de ideas fantasmagóricas y la realidad se convertía en un mundo de fuerzas potentes que coexistían dentro del medio con ellos.

Cuando los negros se ponen a imaginar cosas, su fantasía no conoce límites; la frontera entre lo natural y lo fantástico se rompe y el absurdo conviértese en atmósfera de la existencia [35].

Sabía Natividad que, según los esclavos de *Cumboto,* había algunos

[33] *Ibíd.*
[34] *Ibíd.,* pág. 47.
[35] *Ibíd.,* pág. 100.

fantasmas que frecuentaban ciertos rumbos de la hacienda que los africanos procuraban evitar. Después de la muerte del señor Lamarca, los negros hablaban de haber visto una profusión de fantasmas sin nombre. El relato más popular era el que describía un fantasma pálido, sin piernas ni manos, que flotaba por los senderos durante la noche. Con el tiempo se supo que este fantasma era la blanca figura del ama loca de la finca Cumboto. Cada noche la señora Lamarca paseaba por los bosques de su terreno vestida con un traje transparente [36].

En *Juyungo* se presenta al afroecuatoriano don Clemente Ayoví diciendo a todos que conoce que las ánimas difuntas regresan al mundo físico para vengarse. Don Clemente habla a los miembros de su casa del difunto Pantaleón Mina, que llega a sus tierras esmeraldeñas cada dos años para montar en el caballo que le dio la patada que le causó la muerte [37].

La experiencia personal que se presenta abajo tipifica el método que utilizan los africanos de *Juyungo* para propagar los cuentos fantásticos:

—La tunda es jodida, palabra —siguió don Clemente—; yo he topado su rastro cuando he andado monteando. La una pata es como de cristiano, pero la otra es de molinillo. Siempre cufiando las casas donde hay criaturas. Si la muy astuta ve a un chico, se transforma en seguida, por malas artes, en persona conocida del muchacho o en animalito de la casa. Entonces se lo lleva al monte con engaño. Cuando pasa los esteros, les da de comer camarones crudos y les echa ventosidades en la cara, como si hubiera bebido ese monte que mientan pedorrera, para atontarlos y ponerlos pendejuanos. Oiga, y esas ventosidades dizque hieden a cobre. Después los lleva a su cueva, que siempre hace entre los guaduales espinosos, y los va secando, secando con su mal bajo, hasta que los deja en los puritos huesos [38].

Finalmente, se destaca el medio espiritual en estas novelas como una manifestación de los poderes no humanos que encarnan las fuerzas del bien y del mal. Dichas fuerzas son representadas por varios santos, orishas o espíritus que penetran toda la realidad del afrohispanoamericano. Los descendientes de africanos en la América española conservan

---

[36] *Ibíd.*, págs. 110-118.
[37] *Juyungo*, pág. 128.
[38] *Ibíd.*, págs. 128-129.

las tradiciones religiosas del continente ancestral a través de la educación espiritual de los hijos. Los personajes de las novelas propagan este sistema de educación espiritual con teorías personales, mitos y un contacto físico con las imágenes de las divinidades africanas.

Los individuos dotados de poderes excepcionales

Se subraya en la novelística negra a ciertos personajes negros que, a lo largo de los siglos, han sabido penetrar la realidad de las Américas de una manera extraordinaria. En este estudio se llamará a esos personajes los *especialistas*. En África, entre los individuos que servían a la comunidad en la capacidad sacerdotal figuraban mujeres y hombres que se distinguían de los otros miembros de la sociedad por su habilidad para vivir simultáneamente entre la realidad física y la realidad espiritual.

Como grupo, estos *especialistas* manifestaban una sabiduría aguda sobre las primeras leyes de las causas y los afectos de los elementos del universo. También sabían secretos para ocultar o dirigir las fuerzas no humanas hacia la realización de obras buenas o malas. Por eso, los miembros de la comunidad les recibían con gran estimación y respeto o, a veces, con el máximo terror.

La habilidad síquica, como una parte consustancial de la vida religiosa, fue conocida desde la antigüedad en África, así como en otras partes del mundo. Un ejemplo de la tradición adivinatoria llegó al mundo occidental por la literatura sagrada de la *Biblia*. Relata el libro del Génesis el talento pronosticador del hebreo Jacob mientras vivía en Egipto [39]. En la América española los africanos continúan varias tradiciones y ritos africanos en su esfuerzo por recibir información del mundo espiritual que, a su parecer, puede fortificar la vida cotidiana. A través de la facultad perceptiva de distintos individuos de la comunidad afrohispanoamericana se subraya la habilidad extrasensorial con diversas técnicas que cristalizan en la capacidad humana para la clarividencia y diferentes grados de poder telepático. Sobresalen las artes de los especialistas como grupo por su exploración de la subsconsciencia del medio total de las Américas donde habitan.

---

[39] *Génesis*, 44:1-5. *The Holy Bible*, «King James Version». New York: World Publishing Company.

Matalaché aporta como especialista espiritual a Martina, una zamba activa que vive en la finca la Tina durante la época de la esclavitud. En *Cumboto,* los descendientes de los africanos, como Mamerto, Ana, Cervelión y Venecio, apelan a los poderes no humanos para explicar los malos ratos que pasan los habitantes del lugar. Los especialistas de *Ecué-yamba-O* son el viejo sabio Beruá y Cristalina Valdés, que organiza un centro para practicar el espiritismo. La misma novela destaca a la haitiana Paula, que es odiada por el pueblo afrocubano por sus prácticas malvadas. En *Chambacú,* el yerbatero Bonifacio interfiere con los médicos del hospital moderno empleando su arte con raíces silvestres para evitar la amputación de la pierna de un amigo [40].

En estas novelas todos los especialistas tienen talentos multifacéticos. Central a la profesión suya es el arte de la clarividencia, que ponen al servicio de la comunidad para revelar información que es difícil de conseguir. Utilizan todos estos sabios los varios sistemas adivinatorios característicos de las religiones de África. La enfermera Martina, de *Matalaché,* maneja las cartas para predecir el futuro de sus clientes y transmite sus conocimientos a María de la Luz, la hija del amo, que se interesa por lo oculto [41].

En *Cumboto,* Natividad presenta al negro Venecio, a quien llama «El pajarero», como un sabio por ser éste apto para interpretar los signos en la clara del huevo [42]. El yerbatero Bonifacio, de *Chambacú,* mencionado arriba, adivina el futuro a través del humo de un asiento quemado. Petronila, una cliente de Bonifacio, revela la importancia de no contaminar al objeto adivinador que pronto llevará al clarividente:

> Dejó *ex profeso* un asiento de café en el pocillo. Cuidadosamente lo depositó bocabajo sobre un cajón y esperó. En vela durante la noche, acostada en su estera. Temía que alguien pudiera levantar el pocillo y romper el hechizo de la adivinanza. Por la mañana lo envolvió en un trapo negro para que no lo contaminara la luz. Tenía muchos días de no recorrer los callejones. Hasta el sol la extrañó, reconcentrando sobre ella su furia [43].

El rito de leer los mensajes del asiento del café continúa cuando Bo-

---

[40] *Chambacú,* págs. 111-112.
[41] *Matalaché,* págs. 46-47.
[42] *Cumboto,* pág. 110.
[43] *Chambacú,* pág. 100.

nifacio prende una vela a San Judas Tadeo que sirve para protegerles de las fuerzas malas. La conversación entre Petronila y Bonifacio tiene lugar cuando éste mira al fondo del pocillo para interpretar la historia de José Raquel, un pariente de la cliente:

> Bonifacio se chupó parsimoniosamente el diente carcomido. Desentrañar el enjambre de las partículas. El destino de los hombres. El ojo adivinador comenzó a descifrar el sentido oculto. Los labios temblorosos. Su lengua tenía el misterio esclarecido. Habló el clarividente:
> —Veo a tu sobrino enredado en una mata de trupí. No puede desprenderse. Las ramas se le enrollan en las piernas, brazos y garganta. Lucha por desasirse y no puede. Te llama. Quiere estar contigo pero las espinas no lo dejan [44].

Como Bonifacio vivía en el barrio negro de Chambacú, donde todos se conocían íntimamente, sabía que José Raquel había vuelto al pueblo de la guerra coreana recientemente y que el veterano afrocolombiano dejaba sola en casa a su mujer europea por largos ratos para fumar marihuana con las prostitutas del vecindario. En fin, durante el rito ya citado, no era muy difícil que Bonifacio concluyera que José Raquel era adicto a las drogas.

Los especialistas se distinguían de los otros miembros de la comunidad por los objetos que les rodeaban. El templo espiritista de Cristalina Valdés de *Ecué-yamba-O* mostraba frascos de agua colocados en varios puntos elevados y retratos de hombres famosos:

> En ménsulas y cornisas de armarios —puntos elevados de aquel interior— se encontraban tinajitas, tazas y vasos llenos de agua. En la sala, un retrato de Allán Kardek avecinaba con un triángulo masónico, un Cristo italiano, el clásico San Lázaro cubano «printed in Switzerland», una efigie de Maceo y una máscara de Víctor Hugo [45].

La sacerdotisa Cristalina creía que cada gran ser humano era transmisor de una saludable fuerza cósmica que tenía tanta intensidad en el momento de nacer como en la muerte:

> Según Cristalina Valdés, todos los hombres grandes eran transmisores. Transmisores de una fuerza cósmica, indefinible, tan presente en

---

[44] *Ibíd.*, pág. 101.
[45] *Ecué-yamba-O*, pág. 191.

el sol como en la fecundación de un óvulo o una catástrofe ferro-
viaria. Por ello, cualquier retrato, busto, modelo, caricatura o foto-
grafía de hombre famoso y muerto que le cayera bajo la vista, venía
a enriquecer el archivo iconográfico de su «Centro espiritista» [46].

Los especialistas preferían practicar sus artes en las afueras de la ciudad. Al ser iniciado en la secta secreta de los ñáñigos, tiene Menegildo Cué, de *Ecué-yamba-O,* la oportunidad de conocer el famoso Cuarto Fambá. Su reacción atónita da una idea del ambiente extraordinario:

> ¡El Cuarto Fambá! —exclamó Menegildo sin poder desprender las
> miradas de aquella puerta que encerraba los secretos supremos, clave
> de las desconcertantes leyes de equilibrio que rigen la vida de los
> hombres, esa vida que podía torcerse o llenarse de ventura por la
> mera intervención de diez granos de maíz colocados de cierta ma-
> nera [47].

El cuarto del yerbatero de *Chambacú* ofrece otra perspectiva íntima
de una estancia ritual:

> Le era familiar el armario de los frascos y botellas con yerbas. Bejuco
> de cadena. Orozuz. Pencas de sábila. Pulpa de totumo. Detrás, donde
> ni siquiera dejaba entrar a su mujer, escondía los grandes secretos.
> Allí preparaba sus fórmulas. Hervía, Santiguaba y profería palabras
> mágicas [48].

El protagonista afrocubano de *Ecué-yamba-O* siente un estremecimien-
to de terror al hallarse frente a unos objetos especiales cuando va al
bohío del brujo Beruá en busca de un remedio de amor. El pasaje
que sigue revela *las cosas grandes* de las fuerzas buenas y malas:

> Se hallaba, por vez primera, ante *las cosas grandes,* de las cuales el
> altar de Salomé sólo resultaba un debilísimo reflejo, sin fuerza y sin
> prestigio verdadero. A la altura de sus ojos, una mesa cubierta de
> encajes toscos sostenía un verdadero cónclave de divinidades y atri-
> butos. Las imágenes cristianas, para comenzar, gozaban libremente de
> los esplendores de una vida secreta, ignorada por los no iniciados

---

[46] *Ibíd.*
[47] *Ibíd.,* pág. 164.
[48] *Chambacú,* pág. 19.

... En torno a las figuras, un hacha, dos cornamentas de venado, algunos colmillos de gato, varias maracas y un sapo embalsamado constituían un inquietante arsenal de maleficios. El guano de las paredes sostenía herraduras, flores de papel y estampas de San José, San Dimas, el Niño de Atocha, la Virgen de las Mercedes. Sujeto de un clavo se veía el Collar de Ifá, compuesto por dieciséis medias semillas de mango, ensartadas en una cadena de cobre [49].

La habilidad, por parte de los especialistas, para vivir entre el mundo espiritual y el mundo físico constituye un trabajo serio y a la vez peligroso. Comenta la antropóloga Lydia Cabrera:

El muerto cierra un pacto con el vivo y hace todo lo que el vivo le manda... Para que un hombre pueda ser lo que se llama un brujo de verdad, malo o bueno... y hacer las cosas que hacen los brujos, tiene que ir al monte y al cementerio: tiene que ser dueño de una nganga, de un muerto. Y debe ante todo «saber llamar», invocarlo. En el cementerio están los restos, y al monte, a los árboles, va el espíritu del que ha desencarnado, como dicen los espiritistas [50].

Cuando el especialista se pone en contacto con las fuerzas del mundo espiritual no puede controlar todo el acto, porque en el momento que recibe sus poderes misteriosos está abierto a las fuerzas del bien y del mal a la vez. El discípulo que desea hacer obras buenas espera que algún santo le ayude a combatir las fuerzas malas que siempre están presentes para amenazar cualquier buen acto:

Sabía que Bonifacio recibió sus misterios una noche en el cerro de la Popa, de las mismas manos del diablo. También neutralizaba el mal con la ayuda de San Judas Tadeo. Allí alumbrado, a su espalda. El santo y el demonio. Las cartas conocían el bien y el mal. Nada se les ocultaba [51].

Los especialistas suelen caer en trance cuando llega el santo del mundo espiritual para poseerlos. En *Ecué-yamba-O* se describe este momento extraordinario en la vida de Cristalina Valdés:

[49] *Ecué-yamba-O*, págs. 83-84.
[50] LYDIA CABRERA, *El Monte* (Miami: Ediciones Universal, 1971), página 118.
[51] *Chambacú*, pág. 20.

¡El santo la poesía! Era casi divina. Era tragaluz abierto sobre los misterios del más allá. Por ella hubiera sido posible penetrar en el mundo desconocido cuyas fronteras se adelgazaban hasta tener el espesor de un tenue velo de agua... En aquel instante podía dictar líneas de conducta, predecir el futuro, denunciar enemigos, anticipar percances y venturas, hacer llover como los taitas de allá... Pero el misterio no debía prolongarse. Milagro que dura deja de ser milagro [52].

Siempre había especialistas que el pueblo odiaba. El pasaje que sigue revela cómo el pueblo afrocubano de *Ecué-yamba-O* recibía a Paula Macho:

En todas partes Paula Macho era recibida con ojos torvos y mentadas de madre en trasdientes... Era una *trastorná,* y «de contra» echadora de mal de ojo e invocadora de ánimas solas [53].

Paula era una persona que condenaba a los malos cuando no ganaba lo quequería. Por eso, andaba Salomé Cué bien santiguada, y siempre inspeccionaba los alrededores de su casa al toparse con esa haitiana. En una ocasión, cuando Salomé no quiso darle de comer, se metió detrás de un árbol y le echó una maldición con los siguientes insultos:

—¡Ni café le dan a uno! ¡Quiera Eleguá que se les caiga la casa en la cabeza! Y pensando en la gente que la despreciaba, forjó mil proyectos de venganza para el día en que fuera rica. Y no por lotería, ni por números leídos en las alas de una mariposa nocturna. Todo estaba en que emprendiera viaje a la Bana, para matar la lechuza que estaba *posá* en la cabeza del presidente de la República [54].

Casi todos los haitianos de la colonia Adela se habían atraído el odio del pueblo afrocubano porque un grupo de ellos andaba con Paula profanando el cementerio para robar huesos y otros objetos destinados a la brujería. Representa el pasaje siguiente la ocasión terrible en que Usebio Cué vio a Paula y su banda de haitianos, con un cráneo que habían robado, en una ceremonia que tuvo lugar una noche de tormenta:

---

[52] *Ecué-yamba-O,* págs. 209-210.
[53] *Ibíd.,* pág. 37.
[54] *Ibíd.,* pág. 39.

En el fondo del barracón había una suerte de altar alumbrado con velas, que sostenía un cráneo en cuya boca relucían tres dientes de oro. Varias cornamentas de buey y espuelas de aves estaban dispuestas alrededor de la calavera... En un rincón, Usebio reconoció a Paula Macho, luciendo una corona de flores de papel. Su semblante, sin expresión, estaba como paralizado. —¡Lo muelto! ¡Lo'muelto! ¡Han sacao a lo'muelto! —aulló Usebio. Barrido por una resaca de terror, por un pánico descendido de los orígenes del mundo, el padre huyó del barracón sin pensar ya en la tormenta [55].

En resumen, los especialistas utilizan los poderes más altos del universo para servir a la comunidad en obras buenas o malas. Viven simultáneamente en el mundo de la realidad física y en el mundo espiritual, donde siempre corren el riesgo de perder el control de las fuerzas sobrenaturales. Los especialistas son hombres y mujeres que imitan la técnica de sus antecesores africanos para proveer información difícil de conseguir.

El hogar del practicante se distingue por los objetos de su arte y se ve a cada hombre como un vehículo transmisor de la fuerza cósmica. Las novelas destacan la destreza de los especialistas en el manejo de una serie de objetos comunes a su profesión. Así, logran sus pronósticos por los naipes, por el humo de un pocillo de café o por el estado de enajenación transitoria en que caen cuando se ven poseídos por algún santo. Al lado de todo esto, muestra el pueblo afrohispanoamericano desdén y terror por las prácticas extrañas de los especialistas, cuyos actos profanatorios les hacen perder la confianza de sus clientes.

Otros fenómenos

Sobresale la novela *Ecué-yamba-O* por su recreación de la fuerza cósmica en la música, en la geometría náñiga, en el arte y en la tradición de la culinaria religiosa y la literatura oral. Representan estos fenómenos el recuerdo que en la actualidad tiene el pueblo afrocubano de la ciencia empírica heredada de sus antecesores africanos, que observaban el sistema de un universo donde todo lo orgánico e inorgánico tenía vida para formular las leyes de la sociedad.

---

[55] *Ibíd.*, págs. 51-52.

En el pasaje que sigue se puede observar el canto poderoso que propagan los bailadores en el centro espiritista de Cristalina Valdés con el objeto de invocar a la vasta fuerza cósmica que se trasmite por todo el mundo espiritual:

> Olulú, transmisol,
> Jesu-Cristo, transmisol,
> Yemayá, transmisol...
> Y cundía de nuevo la invocación a la vasta fuerza cósmica, que era transmitida por todos los santos de sangre, santos de gracia, santos de Ostensorio, santos de sexo, santos de hostia, santos clavados, santos de ola, santos de vino, santos de llaga, santos de mesa, santos de hacha, santos de pies, santos de burbuja, santos de Olelí
> > Olelí,
> > Olelá.
> > Olelí,
> > Olelá.
> > Y Olelí,
> > Y Olelá.
> > Y Olelá [56].

Como parte de esta mismo ceremonia los bailadores se organizan en círculos para atraer a las fuerzas potentes:

> Olelí... La misma frase, frase rudimentaria, terriblemente primitiva, hecha de algunas notas ungidas, era repetida en intensidad creciente. Los círculos magnéticos se apretaban; los pies casi no hallaban el suelo. Con geometría de sistema planetario, las dos ruedas de carne gravitaban, una dentro de la otra, como cilindros concéntricos. Las voces raspaban; los ojos rodaban, atontados [57].

Los cuerpos fluidos de los bailadores, que se unen en un ritmo universal, dejan de pertenecer al mundo físico. En estos momentos cada persona se vuelve transmisora, abierta al mundo de lo infinito. De repente baja la gran fuerza cósmica y visita por un instante a cada devoto:

> Olelá... La gran fuerza bajaría de un instante a otro. Todos lo presentían. La sangre movía péndulos en las arterias tensas. Los trans-

---

[56] *Ecué-yamba-O,* pág. 208.
[57] *Ibíd.*

misores bailaban ya una ronda invisible encima de los árboles. Santa Bárbara, Jesucristo y Allán Kardek arrastraban lo que debían venir hacia el grupo de invocadores[58].

La fuerza cósmica se representa por unos diseños, sellos o firmas de esquemas geométricos. Para los protagonistas que observan las tradiciones africanas representan estos diseños el ritmo gráfico del universo. En *Ecué-yamba-O* se encuentran estas firmas geométricas trazadas a mano sobre el suelo donde tiene lugar la ceremonia de los náñigos. Estos ideogramas esotéricos reafirman para los miembros del culto la importancia de las naciones que los primeros jefes africanos establecieron en el continente. Además, a través de estos dibujos, cargados del poder potente, penetra el universo en el que encuentran los miembros la fuerza magnética para comunicarse con el espíritu de los antepasados. A continuación, Menegildo Cué describe las firmas geométricas en el día de la ceremonia de su iniciación a la sociedad secreta:

En la puerta, cerrada, se ostentaba la firma del Juego trazada con tiza amarilla, tal cual se la había enseñado a dibujar el negro Antonio: un círculo, coronado por tres cruces que encerraba dos triángulos, una palma y una culebra[59].

Aunque esta parte de la ceremonia náñiga no tiene que ver con orishas ni divinidades como Shangó o Santa Bárbara, tiene importancia como actividad religiosa por la manifestación de la fuerza potente como elemento del universo espiritual. En las sociedades tradicionales de África, los jefes o las Potencias de los pueblos representaban el trabajo humano de la obra de Dios[60].

En *Ecué-yamba-O* la ceremonia náñiga muestra la importancia de la dimensión temporal del pasado donde habitan los muertos del pueblo ancestral de los africanos y los antecesores de los esclavos de la América española.

Otro elemento de la ceremonia náñiga es la expresión del arte culinario, donde se preparan platos especiales como una ofrenda espiritual para los muertos. En estas ocasiones, se coloca la comida en un lugar estratégico como se indica a continuación:

---

[58] *Ibíd.*, pág. 209.
[59] *Ibíd.*, pág. 164.
[60] MBITI, págs. 58-59.

En el centro del misterioso teorema —engomobasoroko de la geometría náñiga— fue colocada la olla que contenía el cocido destinado a los muertos [61].

Se destaca *Ecué-yamba-O* por la complejidad de su elaboración artística. La novela brinda mucha información que sirve para documentar la vida artística de la gente afrocubana. Sobresalen descripciones de talismanes, máscaras e imágenes o figuras que representan a las orishas o santos africanos y varios otros objetos del mundo espiritual. Aunque todas las novelas relatan numerosos mitos y leyendas que señalan las retenciones en la América española de la tradición africana de la literatura oral, se destacan las presentaciones de *Ecué-yamba-O,* donde la médium Cristalina Valdés encarna a la narradora típica:

Además, Cristalina *sabía.* Sabía cuentos con músicas, de esos que ya casi nadie era capaz de narrar en el ritmo tradicional. El cuento del negro viejo de la talanquera que se casó con la Reina de España. El cuento del negro vago cuyo campo fue arado por tres jicoteas. El cuento del negro listo que metió dos bichos de cada clase en una canoa grande cuando la bola del mundo se cayó al mar... Cristalina *sabía.* Tanto sabía, que si anunciaba: «Esta talde naiden pasará por frente a mi casa», el callejón permanecía desierto hasta la puesta del sol» [62].

En resumen, de todas las novelas de esta investigación, *Ecué-yamba-O* es, tal vez, la que más revela el esfuerzo del pueblo afrocubano por conservar en la América española las viejas tradiciones de África. A través de las ceremonias religiosas, el afrocubano toma las medidas necesarias para continuar los lazos espirituales con sus antecesores. De importancia en todas las novelas son los objetos del arte y de la literatura oral como formas de la expresión prestadas por el continente ancestral.

Otras observaciones importantes

En esta sección de la investigación, destacaremos aspectos importantes en la novelística que complementan el estudio de la visión íntima del

[61] *Ecué-yamba-o,* pág. 179.
[62] *Ibíd.,* pág. 192.

pueblo negro de la América española. Estas son: 1) la iniciación; 2) el velorio; 3) la religión como un mecanismo de la explotación, y 4) «la ceremonia».

La iniciación

En la América española, como en la vida cotidiana del África, la ceremonia o el rito de la iniciación sirve para marcar un paso importante en la vida del individuo. Más que nada, la iniciación representa el momento cuando el ritmo de la vida de un individuo se pone de acuerdo con el ritmo de la vida espiritual de los padres, con el de los otros parientes y, en suma, con el de toda la comunidad negra. *Ecué-yamba-O* describe tres etapas de la iniciación en la vida del protagonista, Menegildo Cué. La primera fase de la iniciación tiene lugar cuando, de niño, se pone en contacto físico con los objetos espirituales que hay en el interior de su casa. El joven aprende muy temprano, por las palabras amonestadoras de su madre, que uno no juega con los objetos sagrados cuando su curiosidad juvenil le lleva a una maravilla espiritual que está escondida en un rincón apartado:

> Pero, de pronto, un maravilloso descubrimiento trocó su llanto por alborozo: desde una mesa baja lo espiaban unas estatuillas cubiertas de oro y colorines. Había un anciano, apuntalado por unas muletas, seguido de dos canes con la lengua roja. Una mujer coronada, vestida de raso blanco, con un niño mofletudo entre los brazos. Un muñeco negro que blandía un hacha de hierro. Collares de cuentas verdes. Un panecillo atado con una cinta. Un plato lleno de piedrecitas redondas. Mágico teatro, alumbrado levemente por unas candilejas diminutas colocadas dentro de tacitas blancas... Menegildo alzó los brazos hacia los santos juguetes, asiéndose del borde de un mantel.
> —¡Suet'ta eso, muchacho! —gritó Salomé, que entraba en la habitación [63].

Aquella noche, para protegerse de los nuevos peligros, encendió su madre, Salomé, una velita a Santa Teresa ante la imagen de San Lázaro en el altar de la casa. Suele decirse que representa la imagen de Santa Teresa un ejemplo formidable del sincretismo religioso. Se ha

---

[63] *Ibíd.,* págs. 22-23.

indicado anteriormente que aunque la imagen de la santa parezca blanca en su representación terrenal, en la religión afrocubana es un espíritu macho un día y hembra otro día. De semejante manera, la estatua de San Lázaro en realidad es Babalú-Ayé, la divinidad médica de la religión afrocubana.

Durante su adolescencia Menegildo se enamora de Longina, una mulata que pertenece a otro. Cuando Salomé se da cuenta del espíritu inquieto que posee su hijo, acude a una ceremonia de «limpieza mágica» para protegerle de nuevos peligros. Mientras tanto, persigue Menegildo a su amada con la ayuda del sortilegio y logra entrar por completo en la segunda etapa del período de la iniciación cuando conoce el contacto físico del cuerpo de la mujer:

> Aquella noche, ante el repentino cambio de humor que observó en su hijo, Salomé aplazó sus proyectos de *limpieza mágica*. Hizo café dos veces, sin explicar a Usebio y Luí que con ello festejaba una curación misteriosa, que sólo podría atribuirse a sus repetidas oraciones y a la protección de las sacras imágenes del altar hogareño [64].

Representa la sociedad secreta de los náñigos una organización principal de socorro mutuo. He aquí más información sobre las actividades de esta hermandad:

> Se ha dicho por error que los náñigos practican la brujería, llegándose a imputarle la perpetración de sacrificios humanos. Pero si bien sus afiliados pueden librarse aisladamente a prácticas mágicas, la hechicería, propiamente dicha, no forma parte del ritual. En sus reuniones, los náñigos observan un ceremonial pintoresco y complicado, que incluye cantos, danzas y percusiones de una gran belleza. Poseen un dialecto propio: *el apapa*. Esta secta constituye, en suma, una suerte de masonería popular, dotada de una religión panteísta y abstracta, que mezcla el culto de Eribó —«gran fuerza que lo anima todo»— a la veneración de los antepasados [65].

Aunque la ceremonia de la iniciación al mundo espiritual indique que Menegildo puede recibir socorro y protección de los primeros fundadores de la Guinea, acaba por ser un lamentoso acto dramático que anuncia la muerte cercana. En el pasaje que sigue se ve a Menegildo

---

[64] *Ibíd.*, pág. 92.
[65] *Ibíd.*, págs. 227-228.

en la parte de la ceremonia náñiga que resulta para él un fracaso:

> Y entre torbellinos de humo y rojos chisporroteos se vio al Diablito de pies desnudos dar saltos locos y hacer molinetes en el aire con su cetro... Rapidísimamente, Menegildo traspuso la frontera del círculo mágico, se zambulló en el fuego sagrado, asió la olla y corrió hacia la entrada del batey dando gritos. El Diablito se lanzó en su persecución. No pudiendo alcanzarlo, regresó al Cuarto Famba... Los iniciados se levantaron. ¡La cazuela había sido arrojada entre las rocas de una barranca cercana! ¡Ya los muertos habían recibido diezmos y primicias de vivos! [66].

El velorio

En las novelas, las ceremonias y ritos por los difuntos son otra manifestación de elementos culturales de la tradición africana. En *Cumboto* y *Juyungo* se destacan los velorios de un niño y un adulto. Se alude al arte africano de retardar el proceso de descomposición del cuerpo cuando el esclavo Ernesto, en *Cumboto,* asegura a su amo que no debe preocuparse por el entierro de Cruz María, porque los negros saben cómo preservar el cuerpo [67].

Central en los dos entierros es la espontaneidad de la ceremonia [68]. Durante las largas horas en que se espera la llegada de un número suficientemente cuantioso de personas para comenzar el rito funerario, los invitados suelen pasar el tiempo conversando, comiendo o haciendo música. Según Whitten, los velorios de *Cumboto* y *Juyungo* se asemejan a los de África y revelan un sentimiento común del aspecto emocional de la gente negra [69].

El arrullo para los niños muertos a veces incluye palabras místicas destinadas a guiar al pequeño directamente al cielo, evitando así las fuerzas nefastas del mundo espiritual. A continuación se ve la intención del verso sencillo que se ofrece en *Juyungo* durante el velorio del hijito de uno de los protagonistas:

---

[66] *Ibíd.,* pág. 180.
[67] *Cumboto,* pág. 68.
[68] VEDA BUTCHER, «The Impact of the African Idiom Upon American Music», Conferencia presentada en la Universidad de Howard, Washington, D. C., julio, 1968.
[69] WHITTEN, págs. 124-138.

Oyó en el viento, un monótono lamento.
—Al cielo.
—Al cielo vaaa.
—Al cielo vaaa [70].

Representa este acto de la comunidad afrohispanoamericana una retención cultural del pasado. De igual modo sirve la música del velorio para trasmitir a la gente el conocimiento religioso de los antepasados africanos.

«Golfín, golfín de la buena ballena», una canción para despedir a otra criatura muerta, señala la técnica de la llamada y el responsorio, que es una estructura muy típica en la música actual, no sólo entre los negros de la América española, sino en los himnos sagrados de los negros de los Estados Unidos [71]. En *Juyungo* se encuentra el trocito siguiente:

> La voz de una mujer, que bien podía ser la de Cristobalina, entonaba dolorosamente:
>
> —El sol se vistió de luto.
> Y el coro iba respondiendo:
> —Mi tamborilita estaba llorando.
> —El día jueves de la cena.
> Y el coro seguía respondiendo:
> —Mi tamborilita estaba llorando [72].

La religión como mecanismo de explotación

En un episodio de *Juyungo* los afroecuatorianos de la provincia de Esmeraldas se ven bajo la influencia de José Jorero de la Rueda, un ex-presidiario blanco que pasa por devoto ermitaño penitente. Cree el hermanito de la Rueda que el barrio afrohispanoamericano de *Juyungo* es el lugar predilecto para sus engaños:

> Por más que el Hermanito se esforzaba, no lograba recordar algún sitio donde hubiera tenido tanto éxito como ahora, en esta tierra de negros. Mentira o sueño le parecía que aquellos campesinos lo toma-

---

[70] *Juyungo*, pág. 182.
[71] VEDA BUTCHER, «African Music».
[72] *Juyungo*, pág. 184.

ran tan en serio y creyeran con tanta ingenuidad en sus estudiadas patrañas [73].

Con la intención de ganar dinero y favores sexuales de las mujeres negras, inventa el ermitaño un rito prolongado durante el cual las mujeres se ven obligadas a peinar el largo pelo del impostor:

Recostó su blonda cabeza sobre los muslos de ella y se abandonó entornando los ojos, mientras la muchacha, azorada, manipulaba aquellos chorros crespos de virtudes milagrosas. Al llegar la noche, mandó colgar un espeso mosquitero sobre los dos, librándose así de las miradas indiscretas. Cuando la muchacha salió, terminando de arreglarle los cabellos, el santo dijo que quería dormir. Mas no dormía, sino que atisbaba por un agujero de la tela, las piernas y los rostros de otras mujeres, especialmente las de una negra de blusa blanca y falda azul, que una ocasión se negó a acceder en el acicalamiento de sus cabellos, lo cual, para él, que estaba acostumbrado a que todas las mujeres que le rodeaban se sometieran, producíale un gran despecho vengativo, porque ello significaba una resquebrajadura en sus dominios [74].

Por supuesto, no todos los negros creían en los milagros del ermitaño penitente. Y así, después de denunciarle públicamente Ascensión Lastre y otros en la ceremonia «religiosa», comenta la negra Afrodita Cuabú:

—... Pues, sí señor. El tal Hermanito no es más que un bandido. Yo había ido allá por acompañar a mi tía, no porque creo en esas majaderías, sino que habemos todavía negros zoquetes, eso es. Él a mí no me tragaba porque no quise peinarlo. No ve que a todas las que lo peinan, él se las come. Así como me oyen: Se-las-come [75].

La misma novela presenta un caso semejante de explotación religiosa por parte de Tripa Dulce, un negro curandero falso, que se gana la confianza de los indios cayapas. Recibió el apodo de Tripa Dulce porque chupaba más caña de azúcar que cualquier trapiche [76]. El pasaje que sigue describe a Tripa Dulce la noche de su rito:

[73] *Ibíd.,* pág. 40.
[74] *Ibíd.*
[75] *Ibíd.,* pág. 44.
[76] *Ibíd.,* págs. 32-33.

Llevaba el rostro blanqueado con un compuesto de óxido de zinc, donde bailaban un par de ojos infernales. En el pecho lucía un collar de dientes de saíno, rematado en una uña de gran bestia. De los hombros desnudos le caía un burdo manto colorado. El cementerio, peludo de cruces, estaba atestado de indios sobrecogidos de superstición. Junto al túmulo que le servía de pedestal, desfilaban los pacientes; indios viejos sin canas, momificados, enchimbados por manos enemigas, presas de horribles y desconocidos males, jóvenes posesas por Mandinga, indias afligidas de esterilidad; adoloridos, afiebrados. Y el Gran Brujo Tripa Dulce derrochaba su sabiduría [77].

Sin embargo, el joven Ascensión Lastre dudaba de los poderes sobrenaturales del gran brujo. Un día, en la selva, tuvo la oportunidad de aclarar sus dudas al espiar a Tripa Dulce mientras éste cazaba los bichos que usaba en varios ritos. Tripa Dulce hacía creer a los indios que sacaba los bichos del cuerpo de los enfermos, pero Ascensión le descubrió el engaño.

La veneración, el respeto y la fe en el oficiante negro comienza a disminuir entre los cayapas cuando Tripa Dulce pide la mano de María, la india más bonita de la comarca. Para cualquier chica de la comarca, la idea de casarse con el gran brujo negro hubiera sido un honor. Pero María no quiso casarse con Juyungo, o sea, según las tradiciones de los cayapas, el «diablo». Para evitar este acontecimiento horrible, la india huyó monte adentro una noche. Unos días después los pescadores de su pueblo encontraron su cadáver, y crecieron los sentimientos de hostilidad hacia los negros y poco después Tripa Dulce y el niño Lastre tuvieron que salir huyendo.

«La ceremonia»

Se destaca en *Cumboto* una representación fantástica de un grupo de esclavos que utilizan las fuerzas potentes y ocultas para sobrevivir al ambiente hostil. En una ceremonia tremenda, algunos esclavos de Cumboto y unos negros de otras regiones cercanas, se reúnen para planear la muerte del amo blanco de la hacienda después que éste ha matado al esclavo Cruz María.

Natividad entona la letanía de la ceremonia lúgubre donde sus con-

---

[77] *Ibíd.,* pág. 33.

es el amo aristocrático de la Lima del siglo XIX que
alidad lasciva.

religión y otras ideas filosóficas del África tradicional
sus varios atributos forman parte del plan de la creac
os afrohispanoamericanos contemporáneos de las nove
realidad cotidiana de acuerdo con estos conceptos [2]. l
gos de las diversas religiones del mundo afirman que
altruista es lo que sostiene todo lo bueno y bello en
Dios, al mismo tiempo que combate todas las fuerzas d
a vida del hombre [3].

onos de este breve comentario sobre la semántica, vol·
nuestra observación del amor y la sexualidad en su med
ico y cultural. Con el desarrollo de las diversas actitud
los negros en sus relaciones con los blancos e indios
española se puede apreciar la ideología amorosa y sexu
sociedad. Por consecuencia, esta ideología muestra la ve
ficación de la temática de esta sección de nuestro estudi

a sexualidad dentro de la sociedad tradicional de África

que sea el continente africano en su variedad y prácti
mbres amorosas y sexuales, se observa una ideología fu
ara la gente que todavía sigue las normas de los primero
de los pueblos negros. Las religiones de África, ademá
existencia de la comunidad entera, sirven para revelar l
signación y función del amor y la sexualidad en la vid
Desde esta perspectiva, el amor y la sexualidad se sitúa
normal como las dos fuerzas dentro del universo de Dio
an el bienestar y la continuidad de la comunidad africana
e la experiencia de vivir como miembros de una gran fa
dida, los africanos incorporan la filosofía del amor y respe
as las creaciones de Dios, subrayando la idea de una acep
l en todos los componentes de la comunidad.

se JOHN MBITI, págs. 1-93, y HARRIS MEMEL-FOTE, «The Per-
Beauty in Negro-African Culture», págs. 45-46.
más detalles sobre este asunto consultar las obras de MBITI,
y PITIRIM A. SOROKIN, «Altruistic Love», *The Encyclopedia of*
avior, págs. 641-645.

sortes reúnen todas las fuerzas de los difuntos antepasados y los santos del mundo secreto para traer una muerte miserable al culpable:

> Podere de la vida ocurta,
> arma de Crú María er Matacán
> sopla tu soplo de muerte
> sobre ejte preparado
> y trae a Guillermo el Musiú
> por su propio pasoj...
> con la licencia del día de hoy
> y de lo grande poderes,
> que padeca dolor
> y que la sangre
> se le pudra en la venaj
> y la vida se le vaya
> y la palabra le farte
> y el corazón no le lata má... [78]

En resumen, la ceremonia de la iniciación es un período importante
en los jóvenes, cuando el ritmo de sus vidas se junta formalmente con
la del pueblo. No obstante, está el ejemplo negativo de Menegildo
Cué de *Ecué-yamba-o*, cuya iniciación a la vida sexual acabó en una
desdichada pasión amorosa que le acarreó una muerte temprana.

Entre las tradiciones africanas que se conservan en el velorio afrohispanoamericano se encuentra la melódica palabra poderosa que se
canta para asegurar el paso directo al cielo de las personas que mueren
durante la niñez. Para concluir, *Cumboto* pone de relieve algunas ceremonias lúgubres donde los negros de la época de la esclavitud utilizan las fuerzas no humanas del medio para controlar las fuerzas malas,
y así sobrevivir al ambiente hostil.

[78] *Cumboto*, pág. 94.

de Meneses
carna esta cu

Según la
sexualidad y
de Dios, y
operan en su
grandes teól
amor de tip
creación de
tructivas de

Apartán
mos a dirigi
socio-económ
y valores d
la América
de toda la
dadera sign

CAPÍTl

El tema de la actividad amo

*La importancia y la significación de
sexual en las novelas*

Se examinará en esta sección de nu
significación del tema de la activida
los cuatro puntos que siguen: 1) obs
tema; 2) el amor y la sexualidad der
África; 3) la vida amorosa y sexual
de la sociedad de la América español
ficción y realidad.

El amor y

Por grande
de las cost
damental p
fundadores
de regir la
verdadera
cotidiana.
en su luga
que asegur
A través
milia exte
to por tod
tación igu

Observaciones sobre la semántica del

Como se sabe, el amor puede expresa
nado de una persona hacia un mieml
complejas cualidades de un amor apas
ratura la expresión de un amor román
los amantes de una manera exagerada
boto y *Matalaché* exaltan la expresión

Asimismo, el concepto de sexualid
a los órganos genitales y a los element
la piel o la voz de un individuo [1]. En est
amorosa del instinto sexual. En algunas
cipal del hombre en los encuentros sexu
es el de satisfacer su apetito erótico. En

[1] VERNON H. GRANT, «Sexual Love», *Th
vior,* ed. Albert Ellis y Albert Abarbanel, S
horn Books, 1967), págs. 646-656.

[2] Véan
ception of
[3] Para
págs. 1-93
Sexual Be

Se aclara esta filosofía con el comentario del dramaturgo y crítico nigeriano Joseph Okpaku. El pasaje que sigue explica las diferencias entre el concepto de amor en la sociedad tradicional de África y el de las sociedades del mundo occidental:

Now, the African concept of love and lovemaking is remarkably from that of Western man. The African conceptualizes love as sharing. Polygamy was valid and acceptable to African females because it was based on the idea of the wives sharing the husband's love. The more there were to share it the better. The extended family and the African love of company are both extensions of this. On the other hand, the Western concept of love is one of bilateral exchange. The woman gives (or at least is expected to give) her husband all her love in exchange for all of his love. Consequently, this excludes others. An extension of this is the presence in Western behavior of an emphasis on the nuclear family and the love of «privacy» [4].

Tanto los adultos como los niños tienen cuidado de respetar las normas y los tabúes establecidos. De esta forma, se estructura la sociedad tradicional de África para que cada individuo tenga una idea clara y firme de cómo comportarse en cada situación que ofrezca la vida desde el nacimiento hasta la muerte. El descuido de las responsabilidades para con la sociedad en cuanto a los asuntos amorosos y sexuales, significa no sólo la desgracia del individuo, sino que su conducta laxa se ve como un grave error por los otros miembros de la comunidad. Cometer actos delictivos constituye una falta en la observación de la misión protectora que uno debe sentir hacia el prójimo, que es, al fin y al cabo, un miembro de la familia o pariente.

En la sociedad tradicional, los niños aprenden muy temprano a no reírse de la desnudez ni de la forma del cuerpo de sus padres y otros integrantes del grupo étnico. Saben que la mujer embarazada lleva dentro de su vientre un fruto sagrado. De igual manera, el niño africano que observa a la mujer que da el pecho a su criatura en público, no se siente avergonzado, sino que le tiene respeto porque sabe que la mujer del pecho grande es admirada por todos los miembros de la comunidad por ser símbolo de la fuente Divina que sostiene la vida humana en la realidad física. Este aspecto de la apariencia física de

---

4 JOSEPH OKPAKU, New African Literature and the Arts (New York: Thomas Y. Crowell, 1970), pág. 19.

la mujer es una de las cualidades que busca el hombre africano en una esposa potencial.

Las diferentes ceremonias y ritos de la iniciación representan un momento determinado en la vida, cuando los jóvenes se alejan del pueblo para aumentar su conocimiento de los asuntos amorosos y sexuales. En muchas sociedades tradicionales, cuando los maestros quieren compartir cierta información con los jóvenes, utilizan estatuas u otros objetos artísticos que rápidamente comunican la idea deseada. Las hembras y los varones que participan en la ceremonia iniciativa, pero en grupos separados, estudian las estatuas personificadas que llevan exagerados los pechos femeninos y los órganos genitales del hombre. Los dos grupos simultáneamente aprenden la importancia de estos órganos primarios del cuerpo humano en las relaciones amorosas y sexuales, que pueden traer la fertilidad de una mujer igual que el placer compartido entre hombre y mujer.

Los adolescentes extienden las reglas de la conducta social y el conocimiento de sus relaciones individuales a los otros miembros del pueblo como parte del plan Divino de la creación. También los jóvenes se informan de los tabúes del comportamiento sexual dentro de la comunidad emparentada y de la necesidad de controlar los deseos personales para conservar el bienestar del grupo entero. Por fin, cuando creen los maestros que sus discípulos entienden la verdadera significación de la ceremonia iniciática, los novatos vuelven al pueblo para asumir su nueva responsabilidad en la comunidad.

Durante la época antigua, antes de la llegada de los europeos al continente africano, la delincuencia juvenil en muchas sociedades tradicionales era muy rara. Casi nunca se veía a una jovencita embarazada antes del tiempo apropiado. A través de las diversas ceremonias de iniciación la sociedad tradicional demarcaba bien el camino que debían seguir los jóvenes enamorados. Los adolescentes sabían que se podían besar y tocar ciertas partes del cuerpo. Para dar alivio sexual al varón adolescente prescribían algunas sociedades africanas una costumbre que permitía que el varón alcanzara un clímax sexual pegado al cuerpo de la amada sin la penetración física de su vagina. Tan respetada era esta costumbre que los otros jóvenes del grupo de iniciados tomaban todas las precauciones necesarias para proteger a los enamorados y no dejarles caer en desgracia.

Cuando el africano fue arrancado de su continente, que para él representaba el ejemplo encarnado y vivo de su herencia ancestral, sufrió un choque tremendo y difícil de comprender. A través del acto brutal que le hacía esclavo, el africano se vio separado de las responsabilidades físicas y espirituales de la comunidad. En sí, estas responsabilidades fundamentales eran la razón y la base de la existencia de su pueblo dentro del universo religioso creado por Dios. Este choque tremendo, según Zapata Olivella, iba a caracterizar, en parte, las actividades amorosas y sexuales del africano y sus descendientes en las nuevas tierras de las Américas.

La vida amorosa y sexual del afrohispanoamericano dentro de la sociedad de la América española

En las Américas, la vieja estructura de la sociedad que mostraba claramente el camino sexual y amoroso para el hombre africano, fue alterada. El esclavo africano y sus descendientes del Nuevo Mundo pronto se encontraron en dos situaciones distintas. Por un lado estaba la existencia de los cimarrones, o sea, los africanos que, rehusando someterse a la captividad, se escapaban a los bosques para establecer comunidades independientes de la civilización blanca. El otro grupo de negros eran los que constituían la servidumbre, que vivía en las fincas o en las casas aristocráticas de la ciudad.

Comenta Natividad, el viejo sirviente negro de *Cumboto,* que los esclavos que fundaron la finca de su región eran los africanos náufragos que se dejaban capturar durante unos momentos difíciles en las fugas para ganar la libertad [5]. En *Juyungo* explica el zambo Antonio Angulo al negro Ascensión Lastre que los fugados de los barcos negreros eran responsables por la afluencia de gente de color en el Ecuador y en otras regiones de la costa [6]. El pasaje siguiente de *Cumboto* explica algunas fundaciones de los cimarrones en tierras de la América española:

> También ellos, los perseguidos, realizaban una conquista armados de su pavor. Eran un escupitajo lanzado por Dios sobre la cristiana empresa de los blancos; un escupitajo negro, fermentado, rico en gérmenes para la creación de la vida... Su llanto regaba las raíces

---

[5] *Cumboto,* págs. 12-15.
[6] *Juyungo,* págs. 151-152.

de la esperanza. En sus sonrisas amanecía, cada mañana, una promesa de amor. Así iban perforando el destino, haciendo de cada muerte una aurora. En los altos de sus fugas, en breves y estremecidos paréntesis, a orillas de los ríos, sembraban las simientes de las nuevas aldeas: hacia el Sur, Goaiguaza; hacia el Este, el Quisandal, la nueva Borburata, el distante Patánemo; hacia el Poniente, Morón, Sanchón, Alpargatón, San Felipe [7].

Para la mayor parte de los africanos de estas novelas la oportunidad de tener relaciones sexuales era una aventura rara. Sin embargo, se ve en *Matalaché* que en la ciudad de Lima todas las criadas negras de las casas aristocráticas parían hijos [8].

En el Nuevo Mundo el hombre africano ya no podía casarse y relacionarse con la comunidad emparentada, como antes. Ahora el negro sólo podía copular con una mujer cuando el amo lo quería o a escondidas cuando la rara ocasión se le presentaba. Pegada fuertemente en algún recodo de la subsconciencia del africano ya hecho esclavo estaba la tradición milenaria de una religión o filosofía que dictaba su obligación Divina de dar su contribución dondequiera que viviera, a la inteligencia, a la sangre y a los otros aspectos de la realidad física del universo espiritual. Enclaustrado en la nueva estructura del sistema de la esclavitud de las Américas, el siervo africano sentía una enorme urgencia de propagarse antes de morir para que los hijos suyos pudieran heredar el vitalismo ancestral.

En el celo por procrear, no es extraño que el negro de las Américas adquiriera una actitud tan violenta hacia las mujeres que se resistían a sus impulsos amorosos que a veces el encuentro sexual acababa en rapto. Son estos momentos angustiosos los que desarrollan los mitos que retratan al hombre afrohispanoamericano como un individuo de apetito sexual desbordado. En realidad, el apetito sexual del afrohispanoamericano de la época esclavista probablemente sería el mismo que el de cualquier hombre que se encontrara en tales circunstancias. Las novelas revelan otras ocasiones en la vida de la colectividad negra que van perpetuando la figura del afrohispanoamericano como un símbolo extraordinario de sexualidad.

Los cimarrones de *Cumboto, Juyungo* y *Chambacú* mezclaban la

---

[7] *Cumboto*, pág. 14.
[8] *Matalaché*, pág. 20.

sangre africana con la de la gente que encontraban a lo largo de las regiones de la América española, y sus descendientes enseñaban la ideología de los antepasados a los nuevos hijos de las Américas. *Ecué-yamba-O* ofrece la visión más íntima de la familia afrocubana del siglo XX que todavía hace el máximo esfuerzo por vivir de acuerdo con los principios de la religión tradicional de África. La novela también muestra las actividades comunes por las cuales todos los miembros contemporáneos de la comunidad negra continúan los lazos con los antepasados africanos.

Los esclavos de estas novelas servían sexualmente a los amos según los caprichos diversos de éstos. En *Matalaché* se suele ver a la servidumbre obligada a reproducirse para aumentar la población de esclavos. Rita, la esclava mulata tipifica a la mujer destinada a apaciguar el apetito sexual del amo. En el pasaje que sigue, don Baltazar Rejón de Meneses, de la ciudad de Lima, hace un comentario a don Juan Cosme de los Ríos, de una finca vecina, sobre su vida sexual con las esclavas:

—¡Hum! ¡Cómo se conoce que no sabe usted lo que es beber en coco, en esos coquitos de ébano y coral, venidos de Panamá y de Cuba! El agua que se bebe en ellos es una delicia de puro fresca [9].

Había circunstancias en las cuales se desarrollaba entre amo y esclavo el amor sincero. Sin embargo, los esclavos casi nunca realizaban el sueño de casarse con la pareja elegida. Tal es la situación de la esclava Rita, de *Matalaché*. Había también numerosos casos donde los esclavos de las fincas se veían obligados a una vida de abstinencia sexual. Dos personajes que se enfrentan con ese dilema son el negro Congó, de *Matalaché,* y Natividad, de *Cumboto*.

Novelas como *Chambacú* muestran cómo las circunstancias de la guerra llevan al soldado afrohispanoamericano a tierras donde le sobran oportunidades para entrar en relaciones sexuales o amorosas con mujeres de razas distintas. En *Chambacú* el autor retrata a José Raquel como el afrocolombiano que vuelve a su pueblo latinoamericano con una esposa europea.

El valor del medio como ficción y realidad

Es interesante anotar, aunque sea brevemente, que en estas novelas se destaca la elaboración literaria de sus autores. En conjunto, los novelistas crean sus obras a través de una luz predilecta que les permite presentar todos los incidentes y detalles apropiados con una perspectiva clara. Los autores demuestran una habilidad extraordinaria en su percepción y trazado de la dimensión espiritual que complementa el mundo físico del afrohispanoamericano.

Los autores saben crear un ambiente apropiado a la trama de cada novela. En *Cumboto*, el centro de labor es una finca grande. En *Matalaché*, el aspecto lúgubre de la fábrica donde trabaja la servidumbre negra se contrasta con un sol suficientemente poderoso para activar los instintos primarios. Las escenas de la época contemporánea en las páginas cuasi-realistas de *Juyungo*, *Ecué-yamba-O* y *Chambacú* han podido ofrecer artísticamente la realidad concreta y anímica de una parte de la población hispanoamericana que documentan los estudios sociológicos de hoy.

Las obras tienen un mérito singular por la manera amplia en que cubren una serie de temas. Se retrata no solamente la actividad amorosa y sexual, sino también los breves períodos de alegría al lado de los momentos angustiosos en las guerras y en la opresión socio-económica y cultural.

En fin, la habilidad de los novelistas para desarrollar todas las pequeñas entidades o detalles que revelan cada aspecto de la vida del hombre negro les hace cumplidores de la gran misión humanística del arte. Los autores de las novelas, en el sentido unamuniano, contribuyen a la intrahistoria de la gente de todas las Américas y, paralelamente, a esclarecer otro capítulo importante de la historia universal.

La representación del tema de la actividad amorosa y sexual en las novelas

Se presenta el tema de la actividad amorosa y sexual del afrohispanoamericano en las novelas a través de las secciones tituladas: a) el afrohispanoamericano como parte del experimento novelístico y el plan Supremo; b) el mulato como eje de un medio singular, y c) otras costumbres y tradiciones.

---

⁹ *Matalaché*, pág. 21.

El afrohispanoamericano como parte del experimento novelístico y el plan Supremo

La vida amoroso y sexual vista por los protagonistas y, sobre todo, por los ojos de la pareja interracial, nos lleva a considerar las fuerzas «creativistas» y deterministas que incorporan los autores como parte del medio artístico. Se debe mencionar aquí que la palabra «creativista» es el término que inventa Zapata Olivella para ilustrar la capacidad del negro de las Américas de crear de nuevo elementos de la cultura de la madre patria. Además, el «creativismo» es un rasgo divino que tienen todos los hombres para luchar contra los males del mundo. A lo largo de las diversas acciones y experiencias de los personajes de las novelas en cuestión, uno puede acercarse más, no sólo a una significación más auténtica y verdadera del amor y la sexualidad del afrohispanoamericano, sino también a la relación de esta temática con la investigación total.

El determinismo y su relación con la novelística negra

Desde tiempos inmemoriales existe dentro de las grandes culturas del mundo la manifestación del tema del bien y del mal en relación a la literatura y las artes. Son estos dos temas fundamentales, el del bien y el del mal, los que se combinan ahora con el del amor y la sexualidad en una expresión artística que va sugiriendo las tendencias creativistas y deterministas en la vida de los afrohispanoamericanos.

En la literatura naturalista del siglo XX rigió en Europa la tendencia novelística a expresar los asuntos más sórdidos de la vida humana, donde, en la selección de la materia narrativa, los autores sometían a sus personajes y el medio a un análisis minucioso. Como científicos en un laboratorio, tomaban los apuntes de ciertos aspectos de la vida social. Los resultantes personajes arquetipos de esta literatura fueron los seres más míseros de la sociedad, como los enfermos, los alcohólicos, las prostitutas. Uno de los factores más importantes de este grupo literario era la creencia de que la vida de los individuos de la sociedad era fija o determinada y que no podían intervenir para escaparse del destino predicho. Esta literatura pertenecía a la llamada escuela determinista porque retrataba al protagonista literario como una persona condenada por razones de síntomas patológicos o por otras fuerzas destructivas del ambiente.

La corriente literaria del naturalismo se derivó en parte de la escuela realista que en sus aspiraciones de realizar una pintura más fiel de la vida, detallaba ciertas facetas de la sociedad. También de moda durante esta época estaba la nueva ciencia del positivismo. Los escritores que inspiraban a muchos novelistas en la formulación de las obras de arte de este movimiento eran pensadores como Comte, Taine, Darwin, Haeckel y el médico francés Claude Bernard.

Un escritor que iba a ejercer una influencia enorme sobre la literatura de España y de las Américas era Emilio Zola, el padre francés de la novela experimental. Se reconoce en Zola la influencia de los filósofos y científicos que iba a caracterizar la escuela naturalista de Europa y aparecer, más tarde, en las obras de los autores de este estudio:

> ... Lo cierto es que sus teorías... las de Emilio Zola tuvieron antecedentes reconocidos en la filosofía positivista de Comte, las doctrinas de Taine al intentar la explicación de la obra de arte a base de la raza, el ambiente y el tiempo del escritor; las de Darwin y Haeckel sobre la evolución de las especies, las leyes de la herencia, la lucha por la vida y la adaptación al medio y los experimentos y teorías del médico Claude Bernard [10].

La novela experimental de Zola y otros escritores creó en España la expresión del naturalismo manifestado por escritores como Pardo Bazán y Leopoldo Alas. En el naturalismo francés las víctimas literarias eran individuos condenados a la muerte o a una vida degradante por razones de herencia o las condiciones negativas del medio social; pero el naturalismo de tipo español admitía por la concepción de la religión católica, la posible intervención Divina que podía salvar al hombre de la ruina total. A través de esta doctrina particular del catolicismo de tipo español rayaba la preparación del camino literario que iban a heredar los artistas de la América española.

Con el tiempo pasó la literatura del naturalismo a las Américas donde encontró su expresión en los grandes cuentistas hispanoameri-

---

[10] ORLANDO GÓMEZ-GIL, *Historia crítica de la literatura hispanoamericana* (New York: Holt, Rinehart and Winston, 1968), pág. 388.

canos como Baldomero Lillo y Javier de Viana. En la novela se presentó la tendencia determinista en la obra mexicana de Federico Gamboa, el novelista de la América española que más se aproximó a Zola. En la práctica y en la teoría se hallaban en la escuela naturalista muchas contradicciones, y así cada país iba desarrollando su propia versión de la tendencia. Los novelistas de esta investigación ahora manifiestan en parte aquella tendencia que, junto con varias otras dimensiones del naturalismo, muestran una fuerte expresión determinista en la novela negra a lo largo del siglo XX. Es decir, que estas novelas adquieren una técnica literaria que señala un carácter revolucionario al denunciar los males de la nación en su intento de reforma social.

El medio determinista y la facultad creadora

Se destacan *Cumboto* y *Matalaché* como las dos obras predilectas para representar los momentos trágicos y creativos en la historia de la esclavitud. *Juyungo*, *Ecué-yamba-O* y *Chambacú* aumentan el desarrollo y la evolución de esta etapa con observaciones de la vida de los descendientes de los esclavos africanos en el siglo XX.

Dentro del medio primitivo y ardiente de la finca cumboteña de *Cumboto*, resaltan los instintos sexuales y amorosos de todos sus habitantes. El autor de *Cumboto* escoge al esclavo Natividad para contar muchas de las historias íntimas. Durante los primeros años, cuando el cuentista esclavo vive en la casa grande con los amos Lamarca, sus limitadas relaciones con las personas de su propio grupo étnico le llevan a ver a los esclavos como una clase singular de bestias o personas sin moralidad. Pero cuando se ve trasladado a la coquera para trabajar con la masa servil su ojo llega a ser más escudriñador y comienza a notar características que dan más individualidad a los personajes:

> Allí descubrí que no todos los negros son iguales ni parecidos. Aun en los que pueden considerarse como negros puros, sin mezcla, existen diferencias que abarcan desde la conformación fisonómica —la forma de la cabeza, la de la nariz y la boca—, hasta las más sutiles manifestaciones de la inteligencia. Entre las mujeres, algunas lucían rasgos físicos admirables, cuerpos venustos. Tampoco el cabello era igual en todos. Había diferencias notorias en su aspereza, desde el que llaman pegón, formado por pequeños y apretados rollitos, hasta

el crespo y sedoso que las mujeres trataban de hacer más liso y brillante a fuerza de untarse aceite de coco [11].

Matalaché y *Cumboto* ofrecen una visión especial de las fincas agrícolas, presentándolas como laboratorios grandes donde se realizan experimentos amorosos y sexuales. Sin embargo, será la vida decadente de la hacienda de Cumboto la que engendrará en Fernando, el hijo mulato de la negra Ana, el deseo de huir del mundo cumboteño a Europa para intentar el experimento ambicioso de buscar su fortuna fuera del yugo de la esclavitud. Muchos años después, el viejo esclavo Natividad presenta el resultado de aquel experimento novedoso cuando aparece en la finca el médico, hijo del esclavo huido:

> He aquí el vástago de aquel ser fabuloso que abandonó un día a su madre, a sus hermanos, a su pueblo, para ensayar en un mundo distinto el más ambicioso e inútil de los experimentos humanos: volver lo negro blanco, transformar la noche en día [12].

En realidad queda Natividad estupefacto porque no puede olvidar que el apellido «Arquíndegui», que sigue compartiendo este doctor mulato con él y los otros esclavos de la finca, les identifica a todos como descendientes de mismlo amo. Sin embargo, a diferencia de Natividad y los otros esclavos, la apariencia del doctor es fina y elegante. Su hablar, su modo de vestirse y moverse le separa de los miembros de la finca y, claro está, lo que más fascina es su título de doctor. En síntesis, este mulato lleva a la actualidad ecos de un hombre transformado de otro mundo y simboliza para el esclavo viejo el universo de fantasía y leyenda de la negra Ana y su hijo fugitivo [13].

Quizá lo que Natividad no comprende en aquel momento es que más allá de su concepción de aquel mulato, a quien ve sólo como símbolo de una fantasía, se presenta una verdad fundamental. Y esta verdad es la misma que conocían las primeras culturas del mundo. Indica Mbiti [14] en su amplio tratado sobre las costumbres y tradiciones africanas que las antiguas sociedades que practicaban la religión cono-

---

[11] *Cumboto,* págs. 72-73.
[12] *Ibíd.,* pág. 150.
[13] *Ibíd.*
[14] Mbiti, págs. 174-195.

cían el amor Divino como la máxima expresión de la manifestación total del mundo físico y espiritual. Así, en el sentido religioso, representa el visitante médico, el mulato Arguíndegui, la idea encarnada de la presencia de un amor ya liberado mediante las experiencias amorosas y sexuales de sus padres, una manifestación del poder de Dios dentro del espacio universal [15].

El reconocimiento del poder del amor como una fuerza Suprema es lo que da a la expresión literaria del determinismo de tipo español su faceta espiritual, faceta que no puede negar la intervención Divina en la profecía final del destino humano. En el siglo xx los artistas incluidos en esta investigación continúan la dimensión de la expresión Divina en la materia novelesca. Sin embargo, entre todos los autores, Zapata Olivella, como novelista y psiquiatra a la vez, es el autor que más evidencia la cualidad espiritual de los descendientes de los esclavos en las Américas. Es decir, que en el amor o en el gusto de vivir intensamente la vida sensual igual que la vida material, muestra Zapata el «creativismo» de la raza negra y la fuerza del amor para crearse de nuevo en la vida humana.

Ya pasadas las guerras de la independencia y terminada la época de la esclavitud, se sale del ambiente novelesco de *Matalaché* y *Cumboto* para adentrarse en el escenario del siglo xx de *Juyungo, Ecué-yamba-O* y *Chambacú*. Se destaca ahora al pueblo afrohispanoamericano contemporáneo como una colectividad pobre y hambrienta combatiendo las fuerzas destructivas de la vida, en lucha perpetua por sobrevivir. Dentro de la sociedad de la América española que priva al grupo africano de los elementos más básicos para sostenerse, denuncian estas novelas una situación socio-económica y cultural bien lamentable. La lucha simultánea de la pasión amorosa y sexual de los personajes se combina con las experiencias humanas, y salta a la vista un cuadro todavía más singular.

En *Ecué-yamba-O,* se retratan los años treinta de una Cuba sumergida en la industria azucarera. La llegada a la isla tropical de toda clase de gente para enriquecerse aumenta la competencia para la colectividad negra en la interminable lucha diaria por elevar su triste situación económica. Se incrementan los resultantes conflictos entre

---

[15] Para más detalles sobre este asunto, consultar las páginas 50-60, 253-260 de Mbiti.

el grupo afrocubano y la negrada rival de Haití y Jamaica. El protagonista de *Ecué-yamba-O* es Menegildo Cué, un joven afrocubano que
se enamora de Longina, una mulata guantanamera. La trama se com-
plica porque Longina pertenece a un negro gigante de Haití, Napolión. El autor presenta a la pareja como personas condenadas por las
dificultades económicas e incorpora, a la vez, la fuerza de la naturaleza en su vida personal cuando utiliza el poder magnético de la luna
como el agüero del destino fatal de los amantes. En la conversación
que sigue, la luna va entrando en la vida de los amantes durante la
noche de su primer encuentro:

> El silencio pesó nuevamente. Un orfeón de grillos transmitía sus ada-
> gios bajo las hierbas. Menegildo, no sabiendo en qué ocupar sus
> dedos, se quitó el sombrero de guano. La mujer sonrió:
> —No se quite e sombrero.
> —¿Por qué?
> —Mire que la luna e mala...
> —¡Veddá...!
> Tenía razón. La luna era mala. Salomé se lo había dicho mil ve-
> ces. Menegildo se cubrió. El hombre y la mujer callaban, mirándose
> de soslayo [16].

Mientras crece la pasión entre la pareja, la puerta cubana va abriéndose más ampliamente a la vida de todo el pueblo negro de la isla.
El amor nuevo entre Menegildo y Longina es como una fuerza cata-
lítica que pone en marcha todas las pasiones primarias de la población
negra cubana, no obstante que la obra continúa poniendo el énfasis
sobre la vida social, económica y espiritual. El amor entre Longina y
Menegildo comienza en un momento inocente, pero, como en varios
conflictos semejantes, es causa de la muerte de varias víctimas.

La historia de Ascensión Lastre, el protagonista de *Juyungo,* nos
revela las dificultades de un joven huérfano. Con la muerte de su
madre, Ascensión se encuentra en un ambiente hogareño que le ofrece poco cariño. El niño se da cuenta que la nueva esposa de su padre,
una mulata zamba, le detesta y que aprovecha cualquier oportunidad
para hacerle la vida imposible.

La familia Lastre se encuentra entre las familias más pobres y ham-

---

[16] *Ecué-yamba-O,* pág. 73.

brientas de la región esmeraldeña. Gumersindo, el padre de Ascensión, trabaja como canastero y con este empleo apenas gana dinero suficiente para dar de comer a la familia. Ascensión decide que no quiere seguir los pasos de su padre cuando se ve obligado a cazar iguanas y culebras del monte y a recoger raíces silvestres y bimbres para una cena que él ve como comida más apropiada para perros que para seres humanos. Convencido el niño de la falta del cariño hacia él en su casa y ansiando saborear comida de la categoría que comen los hombres, decide huirse. El rumbo que sigue como niño, como adolescente y por fin como hombre, a lo largo de la novela, va retratando la vida típica de los afrohispanoamericanos de la región esmeraldeña.

En *Juyungo,* hay una serie de individuos que, como Lastre, viajan constantemente de pueblo en pueblo en busca de trabajo para sobrevivir. Después de abandonar a la mujer y los hijos, los hombres, con el tiempo, se encuentran en el camino con otros varones de su raza en circunstancias parecidas y, viajando juntos, se ven acompañados, de vez en cuando, por mujeres que cocinan y lavan para la peonada. Mientras vayan estos trabajadores pobres penetrando cada vez más al interior del país para trabajar las tierras vírgenes de regiones aisladas, que en la mayoría de los casos ofrecen pocas mujeres, viven en peligro buscando una salida para su pasión sexual. A veces se producen confrontaciones mortales entre los jefes blancos y los obreros negros cuando los dos grupos compiten por el afecto de la misma mujer. La confrontación ejemplar de *Juyungo* tiene lugar entre Ascensión Lastre y don Valerio Verdugo Barberán, un ingeniero violento:

> Salió, vio a don Valerio recortado, indistinto sobre el marco de la puerta. Traía su *perrito* y una *peinilla.* Con la cara terriblemente pálida, los ojos habían perdido su inquietante frialdad característica, para tornarse fieros y sanudos. Su voz enronquecida e insultante increpó:
> —¡Baja, sucio Juyungo, si eres hombre!
> Señalando con un gesto de desprecio a la muchacha, completó:
> —Después subiré por esta perra flaca.
> La mujer estaba sacudida de espanto. Durante infinitos segundos esperó que aquel hombre sacara su *perrito* y disparara sobre ambos [17].

[17] *Juyungo,* págs. 62-63.

También observa Lastre a varios codiciosos blancos, como el ex-arriero Felipe Atocha, que está dispuesto a vender a su propia mujer e hija con tal de mejorar económicamente.

En *Chambacú* reina la pasión de la codicia también. No obstante, salta a la vista el ambiente de pobreza y suciedad donde viven los negros cuando el autor señala a la menor de dos hermanas prostitutas que aspira a redimir su vida un poco. Comenta ésta, Rudesinda, a su amigo José Raquel, que prefiere compartir sus favores sexuales con los marineros extranjeros porque pagan con billetes nuevos:

—Ahí te lo dejo. Para mí sólo quiero a los marinos extranjeros. Pagan con billetes nuevecitos. ¡Míralos! [18].

En *Juyungo* los obreros itinerantes suelen pasar los domingos y días feriados cantando o jugando a las cartas en el campamento. Sin embargo, en la época feriada el aburrimiento les lleva a buscar aventuras en las comunidades indias cercanas. En una ocasión, negros e indios toman abundantemente bebidas alcohólicas, hasta que las mujeres, emborrachadas, se dejan tomar sexualmente por los visitantes más trigueños:

—Toma, compadre Segundo, leche de tigre. Estando bueno. Hasta quita la fiebre —y chasqueó ruidosamente la lengua. Hombres y mujeres siguieron. A los indios se les hacía beber más, y ellos se sentían agasajados. Vencidos por el alcohol, varios disparataban, otros se adormecían. Las mujeres, ya piques, descuidaron a sus chicos que lloraban o se revolcaban entre excrementos y orinas que chorreaban a través del piso de caña. Cada visitante cogió la suya. Ellas se dejaban hacer sin protestar. La lubricidad de los hombres se desenfrenaba y Cocambo saltaba de una a otra, insaciable [19].

Los dos grupos étnicos que se ven obligados a recrearse en un ambiente decadente y corrupto son las víctimas de las condiciones trágicas de una estructura social que comenzó con la conquista del continente. Por un lado, retrata *Juyungo* a los indios como el grupo simbólico de la presunta defensa de una tribu que se extingue [20]. Por

---

[18] *Chambacú,* pág. 131.
[19] *Juyungo,* pág. 79.
[20] *Ibíd.,* págs. 78-79.

otro, se destacan los negros peones como obreros migratorios que se
ven forzados, en su mayoría, a dejar a la familia y el hogar buscando
los trabajos más peligrosos y difíciles en el interior del Ecuador.
Esta experiencia repulsiva se convierte en una verdadera orgía repugnante cuando el insaciable apetito sexual lleva a Tolentino Matamba, el «Cocambo» de *Juyungo,* un negro gigante, después de tener relaciones sexuales con varias mujere, a buscar a una niña de once años.
Relata Ascensión Lastre, el juyungo, el momento en que él y el zambo
Antonio intervienen para salvar a la niña india del apetito voraz del
negro Cocambo:

> Matamba saltó del rancho como un fauno, había descubierto algo.
> Corrió atravesando un mezquino yucal y, delante de él, Antonio vio
> a una indiecita despavorida, de unos once años. Rápido la alcanzó
> y la derribó. La niña gritaba y se defendía como podía. El hombre
> reía triunfante. Y he aquí que de pronto surgió desafiante la figura
> de Lastre. No faltó quien supiera que venía a disputarle la presa.
> Pero no, soliviando a Cocambo por el cuello de la camisa, le increpó:
> —¡Eso sí que no lo vas a hace, hijo de perra! [21].

El autor de *Chambacú* utiliza a Inge, una europea del barrio negro,
como ejemplo de la verdadera significación del amor. Su marido negro, José Raquel, se encuentra aprisionado por su soledad personal y
huye de la realidad de su vida al convertirse en adicto a las drogas.
A José Raquel le sirven también las drogas como un mecanismo para
escaparse del triste pueblo de su niñez que odia. Después de conspirar con los oficiales de Cartagena, que buscan el terreno propicio de
la colectividad negra para ganar millones de dólares de los norteamericanos que quieren construir allí un hotel de lujo, vuelve José Raquel a su mujer con la idea de salir de aquel pueblo miserable. Sin
embargo, Inge le expresa su deseo de no salir nunca del pueblo, porque ha llenado el vacío de su vida al compartir el calor del amor de
los pobres que conoce del barrio de *Chambacú:*

> —¡Suéltame! Es mejor que no hables. Me das miedo y repugnancia.
> ¡Huir solos de Chambacú! ¿Es que no tienes aquí a tu madre? Po-
> drías darle la espalda a Clotilde o pedirle en tu residencia de Manga

---

21 *Juyungo,* pág. 79.

que te lave la ropa como cualquiera de los ricachones de allá? ¡Déjame! Aquí en Chambacú he conseguido lo que nunca tuve. Amor. En mi país jamás supe que existían otras condiciones de vida que son una afrenta a la dignidad humana. Ahora no podría vivir sin el calor de los pobres. De tu madre y de tu hermana, de todos. Luchar por ello no sólo ha llenado mi soledad, sino que ha dado sentido a mi existencia. ¡Lárgate! [22].

Las relaciones amorosas y sexuales de la pareja interracial

En todas las novelas se destacan el amor y la sexualidad en la vida de los protagonistas. Todas las obras retratan la pareja interracial, con excepción de la novela *Ecué-yamba-O,* que ofrece como pareja protagonista a los afrocubanos Longina y Menegildo Cué. En *Matalaché* y *Cumboto* se desarrollan las pasiones primarias entre amo y esclavo dentro de un medio lleno de fuerzas deterministas que revelan la represión sexual y discriminatoria entre el negro y el blanco. En la ciudad de Lima y la región de Piura, de *Matalaché,* la ley de la sociedad aristocrática dictaba la conservación de la pureza de la sangre blanca [23]. Para algunos individuos de la sociedad colonial y aun de la época contorneaá, constituía esta ley tradicional una teoría ideal. En la práctica, sin embargo, ciertos individuos, a lo largo de las épocas, se entregan al deseo instintivo de no excluir a individuos blancos, indios o negros en su actividad amorosa o sexual.

Se presenta en *Matalaché* al señor aristocrático y promiscuo, don Baltazar Rejón de Meneses. Como contraste con su amigo, don Juan Cosme de los Ríos, que profesa como actividad sexual solamente beber en las fuentes puras y cristalinas representadas por la mujer blanca, el primer hombre confiesa conocer bien «las delicias y frescuras de beber en los coquitos de ébano y corral» [24]. Don Baltazar entiende bien la importancia de la ley social de la época colonial que manda no prodigar o bastardear la sangre pura. No obstante, en materia de tentaciones sexuales encuentra otra interpretación de la ley en cuanto a las criadas de su propia casa. En el pasaje que sigue expresa un punto de vista común a muchos hombres de su clase:

---

[22] *Chambacú,* pág. 142.
[23] *Matalaché,* pág. 21.
[24] *Ibíd.*

—No tanto, señor mío. ¿Qué se ha creído usted? Yo tengo en mucho la pureza de mi sangre. Ni la prodigo, ni la bastardeo, así como así, a la vuelta de una esquina.

—De una esquina no, pero dentro de la casa, a la vuelta de una puerta y como quien no quiere la cosa...[25].

Como resultado de sus escapadas amorosas con la mulata Rita, don Baltazar intenta calmar los celos de su esposa pidiendo al amigo, don Cosme, el favor de recibir a la criada en su hacienda:

—Lo peor es que yo, para convencer a mi mujer de que está equivocada, he tenido que tomar una resolución dejando escrúpulos a un lado. Y aquí me tiene usted en pos de un favor suyo[26].

Luego se discute si las precauciones son realmente necesarias, porque la esposa cuyo marido le engaña no siempre revela todo lo que sabe:

—Algo habrá visto, amigo mío. En cosas de faldas las mujeres nos adivinan hasta lo que soñamos. No impunemente se tiene una criada como la suya, que según dicen, quita el resuello a los casados y el sentido a los solteros. Con que, vaya usted atando cabos, señor mío...[27].

Los habitantes del campo imitan la actividad amorosa y sexual de los aristócratas de Lima. En *Cumboto* se presenta a Frau Berza, la maestra blanca de los hijos del amor, como otra mujer de un conflicto interracial. Descubiertos los amantes una noche por el amo, éste asesina al joven Cruz María. La letanía angustiada que sigue tiene lugar durante el velorio:

—¡Señor! ¿Qué le había dado al Matacán al fijarse en aquella mujer extraña? ¿Qué condenación le cegó para que no viera el peligro? ¿Y quedará la diabla blanca sin un castigo? Seguro él no la había ido a sacar de su cuarto, todas las noches, durante casi cinco años. Por su edad ella podía ser su madre. ¡Claro! El muchacho había sucumbido fascinado por su carne hambrienta y deslumbradora! ¡Ay, Matacancito querido![28].

---

[25] *Ibíd.*, pág. 19.
[26] *Ibíd.*
[27] *Ibíd.*
[28] *Cumboto*, pág. 69.

A la manera de las novelas de la época romántica, se intensifica el carcter dramático de la obra cuando se descubre que María Luz y el esclavo José Manuel son en realidad parientes en *Matalaché*. El caso de Cruz María, el amante esclavo de Frau Berza, de *Cumboto*, es parecido a la historia de José Manuel, de *Matalaché*. Ambos son hijos de sus amos. En *Matalaché* el amor clandestino del padre del esclavo José Manuel con su madre negra se transcribe como un descenso en la posición social:

> Y aunque nadie se atrevía a murmurar del señor que había tenido el capricho de descender de tanta altura, si no en la conciencia, en el pensamiento de muchos estaba que el padre de José Manuel no era otro que el amo de todos ellos; pues si su seriedad por una parte lo escudaba contra las hablillas de la gente, su prolongada soltería y el obstinado silencio de la negra le hacían merecedor de la imputación [29].

Según algunos críticos modernos de la literatura de los siglos XIX y XX, varios autores de las novelas de tema negrista manifiestan una tendencia a buscar entre la colectividad negra a los protagonistas mulatos, sean hombres o mujeres, como las únicas personas dignas de amantes de blancos [30]. Afirman los críticos que este acto singular da testimonio de la presencia de un elemento fuerte de determinismo que, por un lado, favorece el proceso de miscegenación que fusiona la sangre blanca y negra, mientras que, por otro, condena a extinción al individuo negro [31]. Según Whitten, existe en la sociedad hispanoamericana una aversión racial y cultural hacia el hombre de piel negra, más exactamente hacia el individuo cuyas facciones recuerdan el linaje de los antepasados africanos [32].

En una serie de cartas que preceden al texto de *Matalaché,* entra el autor López Albújar en una polémica con el embajador de España, Ramiro de Maeztu, que reside en Buenos Aires. En unos comentarios generales sobre la novela discuten las ideas racistas que predominan en el mundo hispánico durante la primera parte del siglo XX. En una

---

[29] *Matalaché,* pág. 72.
[30] Para más detalles sobre este asunto, consultar las obras de Jackson, Cobb y Whitten, citadas en la bibliografía de este trabajo.
[31] *Ibíd.*
[32] WHITTEN, págs. 174-176.

carta dirigida al autor, comenta Maeztu que la hija blanca, María Luz, es presentada en la obra como un monstruo. Responde López Albújar que Maeztu juzga mal a su protagonista por su inhabilidad para concebir que una mujer blanca como María Luz dé el alma y el cuerpo a un hombre negro:

Usted no ha juzgado con criterio libre mi novela. En el fondo de su pensamiento hay un reflejo ortodoxo y la repulsión ancestral que todo blanco como usted siente por el color de una raza que simboliza un largo pasado de inferioridad y servidumbre. Y con esta agravante más: que no se juzga esa inferioridad transitoria y evolutiva, sino definitiva y perpetua. Naturalmente, colocado usted en aquel plano, un amor como el de una mujer como María Luz, blanca y rubia como una aurora, por un mulato como Matalaché, tenía que crispar toda esa sensibilidad de hombre seminórdico, semiinquisidor, que duerme en usted, no obstante su cultura y las prácticas lecciones que la sociología, la biología y la historia le dictan diariamente al mundo [33].

Sin embargo, comenta el crítico literario Richard Jackson, que cae López Albújar en el mismo error del que acusa al embajador ensayista. En efecto, lo que hace Albújar, según la observación de Jackson, es suavizar la negrura del esclavo que ama a la mujer blanca señalando que el mulato era distinto a los otros negros [34].

Los mulatos esclavos como José Manuel, de *Matalaché*, y Cruz María, de *Cumboto*, cuyas facciones les hacen casi blancos, parecen contentos en su situación de servidumbre mientras puedan tener el amor de la amante blanca. Empero, el autor de *Juyungo* se aparta del mulato para destacar al negro rebelde en la persona de Ascensión Lastre. Después de la época de la esclavitud, Lastre, como hombre libre y orgulloso de su color trigueño, protesta contra la injusticia, el prejuicio y la discriminación de la sociedad ecuatoriana.

En las novelas cuya temática se encierra en los años del siglo actual, se ve también un ambiente de represión sexual y amorosa que pesa sobre la vida de la pareja interracial. En este sentido sobresalen *Juyungo* y *Chambacú* con varios episodios donde actúan los protagonistas en escenarios deterministas. No obstante el ambiente fatalista,

---

[33] *Matalaché*, pág. 9.
[34] JACKSON, págs. 55-56.

se observa que la pareja interracial procura aliviar su difícil situación
al partir de las normas restrictivas de la sociedad que condena oficial-
mente el amor entre el blanco y el negro para forjar pasos nuevos
recreativos en los asuntos del amor y la sexualidad.
Estas novelas muestran la perpetua actividad creadora de la colectividad negra. De acuerdo con los preceptos de la religión tradicional de África se ve que hasta los amores interraciales de los individuos de las novelas seguían respondiendo a la facultad creadora de
los descendientes de los africanos en las Américas, en medio de fuerzas que les condenaban a la opresión y la destrucción. En el sentido
espiritual, la serie de amantes Federico y Pascua, de *Cumboto;* la
blanca María Luz y el esclavo José Manuel, de *Matalaché;* la suiza
Inge y el afrocolombiano José Raquel, de *Chambacú,* y la blanca María de los Ángeles con su negro Ascensión Lastre, de *Juyungo,* senci-
llamente respondían al amor Divino que llenaba el universo entero.
El amor de estas parejas interraciales sobrepasa los elementos destruc-
tivos de la naturaleza al realizarse como fruto espiritual y físico de la
nueva generación de la América española [35]. En este sentido, se comprende la importancia de las palabras de Rogers cuando dice que no
importa la pequeñez de la historia de la humanidad en cuanto a la
historia total [36]. Tampoco se pueden olvidar las fuerzas invisibles del
universo que unen a toda la humanidad.

Las consecuencias de la actividad amorosa y sexual

En las novelas de esta investigación un factor de suma importancia
en la actividad sexual es la naturaleza. El autor de *Matalaché* presenta la fuerza del sol como el elemento que lleva a la blanca hija del
amo de la Tina, María Luz, a interesarse por la atención amorosa del
esclavo José Manuel, el Matalaché de la obra:

> —En Piura el sol tenía que atraer forzosamente sus miradas y ha-
> cerla pensar en él y sentirlo dentro de sí, porque el sol piurano pe-
> netra hasta en las cuencas de los ciegos [37].

---

[35] Para más información sobre este asunto, consultar las obras de Mbiti
y Sorokin, citadas en la bibliografía de este estudio.
[36] ROGERS, pág. 1.
[37] *Matalaché,* pág. 34.

Se indica también que, como una entidad provocadora del clima tropical, el sol tiene más efecto sobre las emociones de la mujer que sobre las del hombre:

... y para la mujer el sol piurano es todavía más sol que para el hombre, porque es algo más que sol. Es él quien primero le habla a su sexo; quien la prepara y la incita a conocer el misterio de la fecundidad; quien la espolvorea en la mente el polvo mágico de los ensueños y en la urna sexual, los primeros ardores de la feminidad [38].

Sin embargo, se indica en *Chambacú,* obra de trama contemporánea, que el clima no es más que un elemento incidental en la atracción sexual entre el negro y el blanco. Explica el mulato Máximo en una conversación con su cuñada suiza que la costumbre de éste de bañarse al aire libre es mucho más incitante que la temperatura que registra el termómetro:

—El clima es algo meramente circunstancial. Las divergencias surgen por la oposición de nuestras culturas. Aquí, tu baño a la intemperie despierta el sexo hasta de los niños [39].

En el mismo diálogo, Máximo le explica a Inge la opresión física, cultural y emocional ocasionada por la condición previa de esclavitud y la presente discriminación racial y económica que sigue sufriendo su gente:

—Tu presencia nos hace sentir extraños. No es debido a la diferencia de piel. Nos revela nuestras limitaciones culturales. Vejados por la miseria, ni siquiera los instintos pueden realizarse normalmente. Pero no sólo somos un saco de apetitos contenidos. Nuestra cultura ancestral también está ahogada. Se expresa en fórmulas mágicas. Supersticiones. Desde hace cuatrocientos años se nos ha prohibido decir «esto es mío». Nos expresamos en un idioma ajeno. Nuestros sentimientos no encuentran todavía las palabras exactas para afirmarse. Cuando me oyes hablar de revolución me refiero a algo más que romper ataduras. Reclamo el derecho simple de ser lo que somos [40].

[38] *Ibíd.,* pág. 35.
[39] *Ibíd.,* pág. 121.
[40] *Chambacú,* pág. 121.

Pero la colectividad negra no es el único grupo que sufre bajo la estructura socio-económica de las Américas. Las normas sociales y las tradiciones culturales tienen un efecto negativo sobre distintos grupos humanos. En *Chambacú* señala Máximo que el clima afecta la vida sexual de todos los habitantes de Colombia, pero se ve que, no obstante la influencia de la naturaleza, los miembros de la sociedad aristocrática dictan unas normas y tradiciones que también les aprisionan a ellos mismos en una tarmpa fatal.

En la sociedad hispanoamericana se veía a la mujer blanca como un símbolo de la pureza sexual, porque la sangre de ella era considerada limpia o no contaminada por la sangre africana. En la ciudad y en el campo, la mujer de la clase elevada debía ocuparse de las exigencias del mundo social y la vida lujosa [41]. Sin embargo, en *Cumboto* y en *Matalaché* las mujeres blancas viven una vida aburrida y monótona. En la finca de *Matalaché* el amo peruano, don Juan Francisco Cosme de los Ríos, se dedica por entero a los negocios para asegurar el nivel social de que gozaban los amos anteriores. En realidad, el viudo don Cosme no tiene tiempo para entender las súbitas alegrías o desfallecimientos de su joven, hija que se sentía muy sola después de la muerte prematura de su madre. Como el señor Lamarca y varios otros amos de la Venezuela colonial de *Cumboto,* a don Cosme le falta la sensibilidad intuitiva o espiritual para percibir el vacío en el mundo de las mujeres a su alrededor. La pasión madura que arde en los nervios y la sangre de Frau Berza, la blanca instructora de los hijos Lamarca, encuentra fuente de alivio en la actividad sexual con el joven esclavo Cruz María. De una manera parecida, en *Matalaché* las demandas fisiológicas que anunciaban la pubertad femenina en el cuerpo de la blanca María Luz encontraron la fecundidad sexual y materna con la ayuda de su amante esclavo, José Manuel.

Dentro del ambiente aislado de la finca de *Matalaché,* crece el amor de la ama blanca María Luz y el mulato esclavo mayordomo; pero la pareja interracial que llega a conocerse sexualmente suele darse cuenta que son limitados los días de la pasión:

> Pero ahora que sé por quién es y que puedo pagarlo con la vida, ¡qué feliz me siento! ¡No temo nada! Y es que después de este momento de felicidad, niña María Luz, la muerte ya no me importa.

---

[41] Véanse las páginas 29-68 de *Matalaché.*

—No, no José Manuel; hay que vivir —murmuró María Luz, acariciándole la cabeza al esclavo, la cual, reclinada sobre sus faldas, absorbía ebria, la sensual emanación de aquella carne rubia y palpitante.

—Si usted lo quiere, niña, viviré. Pero los blancos no perdonan [42].

La gran depresión que sufre María Luz la lleva a pedir la muerte, y en un momento de rabia grita don Juan Cosme de los Ríos a la enfermera zamba que atiende a su hija:

—¡Lárgate de aquí! Y si esa moza insiste en que la mates, ¡mátala! [43].

Si la muerte era la solución para la mujer blanca del Perú colonial, otra no menos terrible tradición se reservaba para el esclavo violador. El joven condenado se da cuenta que será víctima de la antigua costumbre de utilizar el cuerpo del esclavo vivo o muerto en la fabricación del jabón. En un cuadro lastimoso se revelan las últimas palabras que pronuncia el esclavo, Matalaché, a su amo:

—Don Juan, ¿va usted a hacer jabón conmigo? Si es así, que le sirva para lavarse la mancha que le va a caer y para que la niña María Luz lave a ese hijo que le dejo... que seguramente el niño será más generoso y noble que usted, como que tiene sangre de Sojo [44].

Presa de una rabia incontrolable, manda don Juan Cosme de los Ríos a otro esclavo a que tire al culpable al hirviente líquido jabonoso:

—¡Tírenlo adentro! —rugió el de los Ríos y Zúñiga, más ceñudo e implacable que nunca. Y sobre el crepitar de la enorme tina de jabón se oyó de repente un alarido taladrante, que hendió el torvo silencio del viejo caserón y puso en el alma de los esclavos una loca sensación de pavor [45].

En contraste con el ambiente lastimoso de la finca de *Matalaché*, re-

[42] *Matalaché*, pág. 150.
[43] *Ibíd.*, pág. 189.
[44] *Ibíd.*, pág. 194.
[45] *Ibíd.*, pág. 195.

presenta el medio de *Cumboto* un mundo ardiente y encantador donde responden hombre y mujer a las pasiones primarias que les guían
a la unión sexual. Cuenta el viejo esclavo, Natividad, una noche singular en la hacienda cumboteña, cuando de niño él y su amito Federico Lamarca descubren el secreto de la instructora blanca, Frau Berza,
y el esclavo Cruz María:

—No, no, Cruz María —decía Frau Berza—; por favor, no insista.
No puedo ir con usted esta noche, con esta luna. Reaccione cual si
hubiese pisado una brasa. También conocía a la otra persona que
hablaba. Era Cruz María, el hijo de Cervelión, el que ordeñaba las
vacas y traía la leche por las mañanas. Sí, sí, no había duda: era
el único Cruz María conocido en todo Cumboto, y le apodaban el
Matacán por su semejanza con un venado pequeño. Hubo un breve
silencio tras el cual habló de nuevo la institutriz: —¡Suélteme, Cruz;
le ruego que me suelte. Se lo ordeno! No volveré a salir con usted...
Además, ¿no le he dicho que debe bañarse antes de venir a verme?
Usted huele a vacas, Cruz. —Pero si me bañé esta tarde en el río.
—Sin embargo, usted huele a vaca y esto no es bueno para el amor [46].

En *Cumboto*, Frau Berza y el esclavo Cruz María no eran los únicos
que participaban de los secretos amores interraciales. El nacimiento
de Federico, el ya maduro dueño y señor de la hacienda cumboteña,
también había seguido los pasos prohibidos que unieron a su madre,
doña Beatriz, con su profesor de música, el mulato Jaime Rojas. Al
cabo de muchos años se entera de su «parentela» al leer la carta que
constituía parte de los efectos del baúl de la vieja negra Ana, que fue
depositado misteriosamente una tarde en un cuarto de la casa blanca.
La carta había sido escrita por su madre a su amante mulato:

«Amado Jaime: te hago ésta volando y exponiéndome a todo. Pero
no debo ocultártelo. Nuestro hijito nació anoche; no sé si es bonito
o feo. Temo que me lo quiten y cometan con él un crimen horrible.
Papá está furioso, pero Eduvige sigue de nuestra parte. ¡Qué buena
es! Me ha jurado que salvará al muchachito cueste lo que cueste.
Confío en ella. ¿Por qué estás todavía en Cumboto?—B.» [47].

Ahora Federico, como su madre y su vieja instructora blanca, busca

[46] *Cumboto,* pág. 27.
[47] *Ibíd.,* pág. 175.

el amor de una persona de linaje africano, la negra Pascua. Pascua era la nieta de la abuela Ana, que vivía en la finca cumboteña. Otra vez el autor utiliza al anciano Natividad para relatar cómo él y su amito Federico jugaban con Pascua de niños. Los tres niños pasaron muchos momentos felices comiendo los pasteles sabrosos que preparaba la abuela Ana y escuchando sus cuentos fantásticos, que les abría a los jovencitos el mundo de la literatura oral de los africanos. Lo que comenzó como una situación de fingido desinterés por parte de los amantes, terminó por ser para éstos una serie de reuniones de formidable pasión. En aquellos tiempos le parecía a Natividad que la finca se veía invadida por una especie de atmósfera de delirio. La novela se vuelve casi erótica cuando explica Natividad el tempestuoso amor que sentían los amantes:

—El cuerpo plateado de Pascua no tuvo secretos para mis ojos. Echados sobre la hierba, en parajes distantes del pueblo, se acariciaban hasta el desmayo, gemían, pataleaban. Ella, semidesnuda, era sierpe y llama. Sus piernas elásticas y fuertes rodeaban el cuerpo de él y lo oprimían como para exprimirlo. Yo buscaba en mi memoria derivativos inútiles: pensé en Pastora, la india loca, cuando la poseí sobre la hojarasca, pero escupí su recuerdo con ira. Pastora era fría y húmeda como un tronco podrido; Pastora ardiente como las hogueras de junio. Culebra y llama. Yo la miraba hundirse en el mar de la voluptuosidad, abrazada al cuerpo de Federico, su boca aplastada sobre la de él, sus piernas entretejidas, contorsionadas, estremecidas, y acababa gimiendo como ellos, atravesado y clavado en la tierra por el mismo puñal [48].

Con la terminación de las guerras de Independencia y la abolición de la esclavitud, los países de América conocen una época de transición. Para los esclavos como Natividad y otros que rehusaron huir de la finca, hay más libertad en las relaciones sociales, y Pascua llega a ser el símbolo de la mujer negra que ya entra libremente en la casa blanca para tener relaciones sexuales con el amo. A pesar del modo de vivir de los habitantes de Cumboto durante la época pasada, descubren todos que el fruto de las experiencias sexuales entre el amo blanco y la mujer negra representa la nueva generación y cultura de las Américas.

[48] *Ibíd.*, pág. 157.

Por un lado, el acontecimiento sexual y biológico sugiere la presencia de una fuerte tendencia determinista en estas novelas contemporáneas en cada nivel de la sociedad hispanoamericana. En *Cumboto* y *Matalaché* son madres negras como Pascua y la madre esclava del mulato José Manuel las que reconocen la ley social que anunciaba que los hijos nacidos del amo blanco eran propiedad de él. Las madres negras, al entregar a sus hijos al padre blanco, casi condenan la cultura africana a la aniquilación. Según Jackson y otros estudiosos de la literatura negrista del siglo xx, responden estas leyes, en parte, a la actitud social de blanqueamiento de la América española, o dicho de otra manera, a la destrucción racial y cultural de los descendientes de africanos [49].

El mulato como eje de un mundo singular

En esta investigación se aborda el tema del mulato y su relación con la temática del amor y la sexualidad a través de las cuatro divisiones siguientes: 1) el mulatismo estético; 2) el mulato y el blanco; 3) el mulato y unos sentimientos personajes, y 4) el mulato y el negro.

El término mulatismo estético es difícil de definir debido al proceso biológico por el cual la raza negra se vio fusionada con los indios y europeos en la América española. Un caso particular es la novela *Juyungo,* de Adalberto Ortiz [50]. López Albújar, el autor de *Matalaché,* Adalberto Ortiz y Zapata Olivella, autor de *Chambacú,* creen que el término mestizaje no sólo admite el elemento blanco e indio, sino el negro también. Declara Adalberto Ortiz que antropólogos e investigadores de otros campos, se negaron por años a incluir la evidencia del negro en sus trabajos [51]. Otro factor que tiene importancia para el estudio es el hecho de que España tenía contacto con África muchos siglos antes de la Edad Media o de iniciar la empresa hispanoamericana [52]. Hay, por ejemplo, monumentos naturales como las pin-

---

[49] Para más detalles sobre este asunto, véanse las obras de Jackson, Cobb y Whitten, citadas en la bibliografía de esta investigación.

[50] Consultar ADALBERTO ORTIZ, «La negritud en la cultura latinoamericana», citada en la bibliografía de este estudio.

[51] *Ibíd.,* págs. 10-11.

[52] Para más detalles sobre este asunto, consulte el estudio de Luis Morales Oliver, citado en la bibliografía de esta investigación.

turas de las cuevas de Alpera, en el sur de España, que dan testimonio de la temprana presencia africana en el continente europeo [53]. Tampoco se debe olvidar que las personas que se clasifican biológicamente como negros puros de África son en realidad el resultado milenario de las varias migraciones humanas a través del continente africano. En *Cumboto* explica este proceso el doctor Arguíndegui, el hijo del esclavo fugitivo que se educó en Europa. En una conversación con Natividad, refiere el doctor que su padre le contaba toda la historia de la finca cumboteña. También reconstruye el médico para Natividad la historia sobre la herencia ancestral de los amos blancos de la finca. Aprende Natividad que su verdadero apellido no es Lamarca, como el de su amo actual, sino Arguíndegui. El nombre Arguíndegui era el de los amos vascos que originalmente fundaron la ciudad de Puerto Cabello, que está en la misma región donde se encuentra la finca cumboteña. El abuelo de su amo blanco, Federico Lamarca, había adquirido la finca de Cumboto unos cuarenta años antes por una hipoteca [54]. Después de exponer su teoría de cómo el primer contacto biológico de los africanos con los antepasados de los primeros amos de la finca pudiera haber tenido lugar simbólicamente en la Península Ibérica o en el continente africano, el doctor Arguíndegui le revela a Natividad que se ha casado con una mujer europea para blanquear a la raza negra y dar luz a todo a su alrededor. Le aconseja a Natividad que haga lo mismo recordándole que el nombre Arguíndegui en la lengua vascuence quiere decir *hágase la luz* [55].

Consideremos ahora el personaje del mulato y su relación con la idea del *mulatismo estético*. Visto bajo una luz artística, se presenta el mulato mayordomo José Manuel, de *Matalaché,* como una figura bella y exótica. En *Matalaché* se da bastante atención a la belleza y al color de todos los híbridos de la finca. Al observar el mulato José Manuel a su amo blanco, piensa lo que sigue:

> Los ojos, sobre todo, eran lo que más le conmovía, lo que le hacía pensar en las cosas profundas y misteriosas que aquella raza blanca

[53] Véanse las páginas 81-97 de la obra de Luis Pericot-García, citada en la bibliografía de este estudio.
[54] *Cumboto,* págs. 152-155.
[55] *Ibíd.,* pág. 153.

escondía tras ellos, y cuyo azul era lo último que trasmitía al cruzarse con aquellas otras, negras y cobrizas. Era el color electrizante de los mulatos, de los cholos, de los zambos, de los híbridos en general [56].

Lo que describe José Manuel también fascina al lascivo señor aristocrático, Rejón de Meneses. Comenta éste a su amigo y amo de la Tina, don Juan Sojo, que no sólo le encantan las muchachas de ébano, sino las de color coco también [57].

Tanto en la novelística de tema contemporáneo como en las obras que tratan la época de la esclavitud, demuestran los autores una preferencia por tratar las relaciones sexuales que servirán para blanquear a la raza negra. El protagonista negro de *Juyungo,* el rebelde Ascensión Lastre, apareja con una mujer india o con una mujer blanca, y en *Chambacú* el afrocolombiano José Raquel se casa con la suiza Inge. La bella mulata Longina, de *Ecué-yamba-O,* se ve perseguida por el negro haitiano Napolión y luego por su amor verdadero, el afrocubano Menegildo Cué. *Matalaché,* que se desarrolla en el período colonial, destaca al mayordomo mulato José Manuel y su conquista del amor prohibido de la blanca hija de su amo. En *Cumboto* el mulato doctor Arguíndegui y su padre se casan con mujeres blancas, mientras que Federico Lamarca y Pascua representan el amor entre el amo blanco y la sirvienta negra. El fruto de la unión de éstos, según el autor, será la nueva generación mulata de la nación venezolana [58].

En pocas palabras, se puede decir que el término *mulatismo estético* significa una preferencia literaria por parte de los autores del estudio de escoger al mulato como la bella figura exótica de la colectividad negra. Las novelas presentan al mulato como el símbolo estético al que deben aspirar a producir el negro y el blanco en sus relaciones sexuales. Se sugiere, también, la preferencia del mulato como líder intelectual de los negros por el exilio del doctor Arguíndegui. No obstante, para acercarse más al personaje del mulato como descendiente del hombre africano en la sociedad hispanoamericana, se debe observarlo contra un fondo cultural y biológico que describa su movimiento en el continente ancestral y su contacto con otras culturas del mundo.

---

[56] *Matalaché,* pág. 78.
[57] *Ibíd.,* pág. 21.
[58] *Cumboto,* pág. 184.

El mulato y el mundo blanco

En todas las novelas se pinta al mulato como una figura que se distingue física y espiritualmente de la muchedumbre negra. Hasta cierto punto, vive el protagonista mulato durante la época esclavista como un ser privilegiado. Diferentes de los esclavos negros que habitan las fincas, a mulatos como el mayordomo José Manuel, de *Matalaché,* y Ernesto, el hijo de la negra Ana, de *Cumboto,* se les daban los trabajos más ligeros. La vida para mulatos como éstos era algo menos aburrida porque generalmente tenían algunas oportunidades para viajar con el amo. Aunque pocos se atrevieran a confesarlo en público, los esclavos sabían que los mulatos eran los hijos de un llamado padre aristócrata.

En *Matalaché* la mulata representa una joya deliciosa del harén personal para aristócratas como el señor Rejón de Meneses y su amigo, don Juan Sojo. La novela indica, sin embargo, que a pesar de su continua actividad amorosa con alguna que otra esclava de su selección particular, el amo envidiaba la aumentada libertad de que gozaba el mulato sexualmente, porque podía éste andar entre las esclavas durante la noche para escoger a quien quisiera.

Como ya se ha indicado, el aristócrata no era el único personaje que se mostraba deseoso de los amores o privilegios sexuales de individuos mulatos. La mujer blanca participaba también. Se destaca la obra *Matalaché* por la visión notable con que estiliza a la joven ama María Luz, que se siente deseada por el mayordomo de su finca debido a su belleza mulata, que contrasta tanto con la piel oscura de los otros negros de la finca.

En *Cumboto* la señora Lamarca, de joven, se enamoró de su profesor de piano, el mulato Jaime Rojas. Querían los dos casarse, pero cuando el matrimonio fue prohibido por sus padres, la joven se casó con una persona a la que no amaba. Con el tiempo, llegó la señora Lamarca a dar a luz clandestinamente al hijo de su amante, Jaime. Bajo la pesadez de este secreto, que sólo guardaban ella y su fiel criada, Eduvige, se volvió loca y pasó el resto de sus días encerrada en la alcoba de su finca. El niño mulato, que fue criado como el hijo de un esclavo, años más tarde es asesinado por el esposo de su madre después que aquél, que es actualmente su amo, se entera que el joven esclavo tiene relaciones amorosas con una mujer blanca.

Chambacú pinta brevemente un ambiente europeo durante los años sesenta del siglo actual, donde la vida es más tolerable para la pareja interracial. Sin embargo, en *Juyungo* y *Chambacú* las fuerzas destructivas del prejuicio y la discriminación que residen en la sociedad hispanoamericana del siglo XX siguen amenazando a los amores de la pareja mixta.

El mulato, en fin, es la figura ideal de la colectividad negra que reina estéticamente en la mentalidad del mundo blanco cuando hay relaciones amorosas o sexuales entre los dos grupos étnicos. Tanto la mujer como el hombre blanco participan en relaciones sexuales con los personajes de color y, a pesar de la explotación sexual de que es víctima, el mulato, irónicamente, protagoniza varios casos de un mutuo amor verdadero entre el blanco y el mulato a lo largo de los siglos.

El mulato y sus sentimientos personales

De todas las novelas incluidas en esta investigación, el ambiente colonial de *Matalaché* y *Cumboto* refleja mejor los sentimientos íntimos del personaje mulato. Para entender al mulato de la época actual es necesario observarlo frente a la figura literaria del negro como parte de esta misma sección y como líder de la negrería en la lucha de protesta social.

El mulato se sentía superior a su hermano negro debido a la apariencia física, y por algunos privilegios especiales que le acordaba la vida. Viajaba y no trabajaba duramente como sus hermanos más oscuros. Todo ello, además del poder amar a las esclavas de su gusto, debía traerle una satisfacción relativa. No obstante, esta misma vida singular simultáneamente le acarreaba al mulato una vida penosa. Había un gran conflicto personal para los mulatos que tenían el abolengo del esclavo negro y, simultáneamente, la apariencia física de la raza blanca.

Hasta cierto punto, José Manuel, de *Matalaché,* compartía una vida semejante a la del esclavo Fernando, el padre mulato del doctor Arguíndegui, de *Cumboto.* Los dos niños eran hijos de un amo blanco y una esclava negra. Mientras vivían los dos padres, el camino de oro que pisaba la prole se llenaba de privilegios y promesas gloriosas. Pero se nublaron todos los sueños de la noche a la mañana cuando, con sortes reúnen todas las fuerzas de los difuntos antepasados y los santos del mundo secreto para traer una muerte miserable al culpable:

>Podere de la vida ocurta,
>arma de Crú María er Matacán
>sopla tu soplo de muerte
>sobre ejte preparado
>y trae a Guillermo el Musiú
>por su propio pasoj...
>con la licencia del día de hoy
>y de lo grande poderes,
>que padeca dolor
>y que la sangre
>se le pudra en la venaj
>y la vida se le vaya
>y la palabra le farte
>y el corazón no le lata má... [78]

En resumen, la ceremonia de la iniciación es un período importante en los jóvenes, cuando el ritmo de sus vidas se junta formalmente con la del pueblo. No obstante, está el ejemplo negativo de Menegildo Cué de *Ecué-yamba-o,* cuya iniciación a la vida sexual acabó en una desdichada pasión amorosa que le acarreó una muerte temprana.

Entre las tradiciones africanas que se conservan en el velorio afrohispanoamericano se encuentra la melódica palabra poderosa que se canta para asegurar el paso directo al cielo de las personas que mueren durante la niñez. Para concluir, *Cumboto* pone de relieve algunas ceremonias lúgubres donde los negros de la época de la esclavitud utilizan las fuerzas no humanas del medio para controlar las fuerzas malas, y así sobrevivir al ambiente hostil.

---

[78] *Cumboto,* pág. 94.

CAPÍTULO IV

El tema de la actividad amorosa y sexual en las novelas

La importancia y la significación del tema de la actividad amorosa y sexual en las novelas

Se examinará en esta sección de nuestro ensayo la importancia y la significación del tema de la actividad amorosa y sexual a través de los cuatro puntos que siguen: 1) observaciones sobre la semántica del tema; 2) el amor y la sexualidad dentro de la sociedad tradicional de África; 3) la vida amorosa y sexual del afrohispanoamericano dentro de la sociedad de la América española, y 4) el valor del medio como ficción y realidad.

Observaciones sobre la semántica del tema

Como se sabe, el amor puede expresarse como un sentimiento apasionado de una persona hacia un miembro del otro sexo. A veces las complejas cualidades de un amor apasionado llegan a ser en la literatura la expresión de un amor romántico donde el autor presenta a los amantes de una manera exagerada o idealizada. Las novelas *Cumboto* y *Matalaché* exaltan la expresión de este sentimiento.

Asimismo, el concepto de sexualidad puede referirse, a la vez, a los órganos genitales y a los elementos secundarios del sexo, como la piel o la voz de un individuo [1]. En este estudio se separa la emoción amorosa del instinto sexual. En algunas de las novelas el motivo principal del hombre en los encuentros sexuales con las mujeres esclavas es el de satisfacer su apetito erótico. En *Matalaché* don Baltazar Rejón

---

[1] Vernon H. Grant, «Sexual Love», *The Encyclopedia of Sexual Behavior,* ed. Albert Ellis y Albert Abarbanel, Segunda ed. (New York: Hawthorn Books, 1967), págs. 646-656.

de Meneses es el amo aristocrático de la Lima del siglo XIX que encarna esta cualidad lasciva.

Según la religión y otras ideas filosóficas del África tradicional, la sexualidad y sus varios atributos forman parte del plan de la creación de Dios, y los afrohispanoamericanos contemporáneos de las novelas operan en su realidad cotidiana de acuerdo con estos conceptos [2]. Los grandes teólogos de las diversas religiones del mundo afirman que el amor de tipo altruista es lo que sostiene todo lo bueno y bello en la creación de Dios, al mismo tiempo que combate todas las fuerzas destructivas de la vida del hombre [3].

Apartándonos de este breve comentario sobre la semántica, volvemos a dirigir nuestra observación del amor y la sexualidad en su medio socio-económico y cultural. Con el desarrollo de las diversas actitudes y valores de los negros en sus relaciones con los blancos e indios de la América española se puede apreciar la ideología amorosa y sexual de toda la sociedad. Por consecuencia, esta ideología muestra la verdadera significación de la temática de esta sección de nuestro estudio.

El amor y la sexualidad dentro de la sociedad tradicional de África

Por grande que sea el continente africano en su variedad y práctica de las costumbres amorosas y sexuales, se observa una ideología fundamental para la gente que todavía sigue las normas de los primeros fundadores de los pueblos negros. Las religiones de África, además de regir la existencia de la comunidad entera, sirven para revelar la verdadera significación y función del amor y la sexualidad en la vida cotidiana. Desde esta perspectiva, el amor y la sexualidad se sitúan en su lugar normal como las dos fuerzas dentro del universo de Dios que aseguran el bienestar y la continuidad de la comunidad africana. A través de la experiencia de vivir como miembros de una gran familia extendida, los africanos incorporan la filosofía del amor y respeto por todas las creaciones de Dios, subrayando la idea de una aceptación igual en todos los componentes de la comunidad.

---

[2] Véanse JOHN MBITI, págs. 1-93, y HARRIS MEMEL-FOTE, «The Perception of Beauty in Negro-African Culture», págs. 45-46.

[3] Para más detalles sobre este asunto consultar las obras de MBITI, págs. 1-93, y PITIRIM A. SOROKIN, «Altruistic Love», *The Encyclopedia of Sexual Behavior*, págs. 641-645.

viejo especialista para lograr el amor de la mulata Longina, que vivía
con Napolión, el haitiano rival y enemigo del pueblo afrocubano. Menegildo le habla al viejo sabio de su gran pasión por Longina. Antes
de hacer los arreglos necesarios para comenzar el rito de amor, Beruá
le advierte al joven que el negocio puede acabar mal, pero Menegildo
le asegura que está dispuesto a continuar con la ceremonia a pesar
del posible peligro. Como participante, Menegildo le da al viejo especialista un trozo de ropa de la mujer, la comida favorita del santo
y una moneda como ofrenda. Mientras Menegildo espera el comienzo
de la ceremonia, que consistirá, entre otras cosas, en una limpieza y
una serie de largas oraciones, contempla a los diferentes santos que
habitan el bohío de Beruá. Para los no iniciados, estas figuras mis-
teriosas parecen juguetes. En cambio, para Menegildo Cué y otros que
cultivan las viejas tradiciones africanas en la isla, las estatuas de estos
santos, o *cosas grandes* [70], inspiran un terror inexplicable.
El trozo que sigue es una descripción de algunos santos y la imagen de la diosa de los sexos que contempla Menegildo en el cuarto de
Beruá:

> En el centro, sobre la piel de un chato tambor ritual, se alzaba
> Obatalá, el crucificado, preso en una red de collares entretejidos. A
> sus pies, Yemayá... Mama-Lola, china pelona, diosa de los sexos del
> hombre y de la mujer, era figurada por una sonriente muñeca de
> juguetería, a la que habían añadido un enorme lazo rosado cubierto
> de cuentas. Vestidos de encarnado, con los ojos fijos, los Jimaguas
> erguían sus cuerpecitos negros en un ángulo de la mesa. Espíritus
> mellizos, con pupilas saltonas y los cuellos unidos por un trozo de
> soga aparatosamente atado... [71].

Concluida la larga ceremonia donde Beruá invoca, entre otras cosas, el
poder de los santos en la misión de amor, va Menegildo a enterrar
el harapo de Longina, como le ha mandado el sabio. Poco después
tiene lugar en la vida de la pareja el *embó* o sortilegio amoroso que,
al seguir su curso, terminará unos años más tarde con la muerte prematura del joven Cué.
Otra aplicación de los poderes del medio sobrenatural tiene lugar
en *Juyungo*. Esta vez utiliza los poderes la blanca María de los Án-

---

[70] *Ecué-yamba-O*, pág. 83.
[71] *Ibíd.*

geles cuando relata a la negra Cristobalina lo que le parece una situación irremediable entre ella y su amante negro, Ascensión Lastre. Comienza la charla María de los Ángeles:

La música sensual

En la novelística afrohispanoamericana se presenta a la música como
un elemento importante de la cultura negra. En *Matalaché* el mayordomo mulato José Manuel es un guitarrista excepcional, y salta al oído
la copla erótica del negro Congó. Canta éste el estribillo de intención
sensual no sólo en el trabajo, sino también en los momentos de ocio
para aliviar sus frustraciones sexuales:

> —Umjú. Todo será, pero creo que no me quiere. Cuando andaba
> detrás mío, mis amigos me decían: No importa que sea negro; los
> negros saben querer y estimar mucho a las blancas... Y ya ve usted.
> —De eso no te preocupes, hija. Aténdeme bien. ¿Conoces vos
> ese pajarito colorao que mientan brujo? Hace que te cacen uno. Le
> sacas al corazón y en esa sangrecita mojas las cuatro puntas de un
> pañuelo tuyo. Entonces se lo regalas a Lastre y verás cómo lo en-
> chimbas, hasta ponerlo más manso que un pollo choto[72].

Para el Congó, simboliza el estribillo la experiencia que no conoce de
primera mano, sino que vive a través de los ojos de José Manuel, que
ama a la blanca María Luz.

En *Juyungo* las canciones de la negra Cristobalina y la música marimbulera preparan el ambiente para una venganza que va a producir-
se durante una fiesta en la casa de don Feli. Cristobalina, para ayudar
a su ahijado Cangá en un asunto de amor, le prepara un perfume embrujador que debe echar sobre el pecho de la zamba Eva, para que
ésta se enamore de él. Durante la fiesta la cantadora entona un canto
que revela la tristeza de la zamba que acaba de tener una riña con
su novio, Antonio:

> —¡Ay! La zamba llora,
> La zamba llora.
> ¡Ayayayaay![74].

---

[72] *Juyungo*, pág. 69.
[73] *Matalaché*, pág. 43.
[74] *Juyungo*, pág. 172.

Cristobalina continúa la melodía incitadora hasta empujar a su ahijado a castigar a su rival:

> Déjala corre la bola
> que ella corre con malicia.
> Pues si yo fuera justicia:
> castigo a quien enamora.
> ¡Ayayayaay!
> La zamba llora,
> la zamba llora,
> la zamba llora [75].

Fracasa el sortilegio porque el líquido penetrante se vierte en el suelo y no sobre la víctima amada.

Ecué-yamba-O subraya el baile erótico con una música acompañadora que, alcanzando el oído de los dioses del sexo, llega a ser la llave mística que abre la puerta a las fuerzas poderosas del cosmos [76]. Además, es este mismo fenómeno del ritmo musical del afrohispanoamericano el elemento que forma parte congénita de la vibración universal que trae el eslabón poderoso por donde baja el santo del otro mundo a la realidad física, para hacer dueño de su poder al ser humano. Paralelamente, esta misma corriente vital de la música sensual puede ser escuchada por el enemigo y traer la muerte, como en el caso de Menegildo Cué. La bailarina y antropóloga norteamericana Catherine Dunham, en sus comentarios sobre la ceremonia del vudú, indica que los acelerados movimientos pélvicos en los bailes religiosos representan el esfuerzo de los participantes por complacer a ciertos santos.

La música sagrada, entonces, junto con el baile, que para algunos puede ser sensual o erótico, llega a convertirse en parte íntegra de la vida cotidiana de las personas que profesan la religión de sus antepasados africanos.

El cuarto de empreñar

Como se ha indicado anteriormente, en *Cumboto* y *Matalaché* aparecen esclavos con toda clase de pigmentación durante la época colonial. En el último libro, el mulato José Manuel se presenta como el varón

---

[75] *Ibíd.*
[76] *Ecué-yamba-O*, pág. 208.

a quien el amo ha designado para aumentar la población de esclavos, sobre todo con las mulatas. En la Tina, se reservaba un cuarto especial para estos acoplamientos singulares.

El cuarto se descubre en *Matalaché* cuando la recién llegada hija del amo se da cuenta que el mayordomo, al introducirla a la fábrica de la finca y al área que ocupan los esclavos, evita enseñarle una habitación apartada. Más tarde, cuando la amita le pregunta a su criada, la esclava contesta que ese cuarto estaba reservado para el empreñamiento:

> Ya en sus habitaciones María Luz, picada por la curiosidad, interrogó a la Casilda:
> —¿Cuál es el nombre de esa habitación y el destino que se le da, que no lo ha querido decir José Manuel?
> —Tápate las orejas primero, m'ijita.
> —¡Pánfila! Si me tapo las orejas, ¿cómo te voy a oír?
> —Pues se llama... ¡Jesú, María y José con el nombre tan feyo y mal intencionao! ¡Más marrajo!... Se llama... Pues lo sueto de una ve: se llama empreñarero, pa que lo sepas, mi niña. Porque aí es donde José Manué y los otros capatase que han habiro lo hasían eso a la muchacha [78].

El petateo

Cumboto describe otra costumbre por la cual el esclavo recibía permiso para participar en el acto sexual. Cuando se produce, el negro Venancio, un ex-soldado, relata sus experiencias de guerra. En la lucha por la independencia, el esclavo negro, que de repente se hace soldado para defender al país y los bienes del amo, explica que el «petateo» significaba la espera por parte de los soldados de la señal del jefe para comenzar el saqueo o el rapto de las mujeres después de la batalla. Según Venecia, el petateo constituía una de las raras veces en la vida del esclavo cuando podía participar en el acto sexual. He aquí la descripción de esta impactante costumbre, donde corría suelto el apetito sexual del soldado negro:

---

[77] DIVINE DRUMBEATS: Catherine Dunham and her People. WETA, Television 26, Wash., D. C. Dirs. Merrill Brockwell and Catherine Todge. April 16, 1980.
[78] *Matalaché,* pág. 49.

Al pronunciar esta palabra, petateo, Venancio ponía los ojos en blanco, saboreando el recuerdo. Petatear significaba correr tras las mujeres, buscarlas en las alcobas, sacarlas de debajo de las camas y del interior de los escaparates, arrancarlas de los altares frente a los cuales oraban y de los brazos de sus madres, entre los cuales temblaban de espanto, para poseerlas unos tras otros, desnudas, semidesnudas, cubiertas de cardenales, sujetas por los pies y las manos sobre los pisos forrados con petates de palma. Venancio guardaba recuerdos inenarrables de aquellos días. Días gloriosos que no volverían para él. Era tal la fruición con que describía estas escenas, que yo al oírle, veía la turba de negros borrachos, con los garrasíes desgarrados, las manos en alto como banderas y los ojos llameantes, caer sobre los cuerpos de aquellas mujeres cuya blancura desaparecía en el pataleo de la lúbrica rebatiña[79].

Otra costumbre importante a lo largo de los siglos entre la población negra y los que se ponían en contacto con ella, era la tradición africana de utilizar los poderes sobrenaturales para hacer corresponder el amor. La música también figuraba en los sentimientos del esclavo frustrado y en las novelas de tema contemporáneo sirve para dirigir los pasos de los enamorados.

De suma importancia era la creencia del pueblo afrohispanoamericano de que el ritmo, simultáneamente erótico y sagrado, del baile con el acompañamiento del canto, el tambor u otros instrumentos predilectos concordaba con la vibración universal del cosmos en una corriente vital que atraída el bien o el mal a la vida de los participantes.

---

[79] *Cumboto*, pág. 79.

CONCLUSIÓN

Como es advertible, cada capítulo de este estudio puede servir como tema de investigación para conocer más a fondo el mundo particular del personaje novelesco afrohispanoamericano. Enfocando el análisis en épocas de pasadas e incluso en los momentos importantes de la actualidad, los autores, como grupo, y también individualmente, ofrecen una muestra representativa de la novelística negrista en un medio especial.

El personaje afrohispanoamericano de este estudio forma parte de un grupo humano que pertenece a la larga historia del vasto continente africano. La historia del personaje negro y sus descendientes puede ser trazada en las migraciones humanas y en las contribuciones culturales de África a las Américas. Los estudios científicos en el campo de la geología, la arqueología, la sociología, la antropología, la lingüística, la religión y la literatura, también sirven de materia documental.

A través de las páginas de las novelas aquí tratadas se enfoca a la colectividad afrohispanoamericana en sus varios nombres de negro, mulato o zambo. Participa activamente este grupo singular en el desarrollo de la sociedad hispanoamericana al formar la muchedumbre negra el eje de la realidad socio-económica que consiste principalmente en tareas agrícolas, domésticas y otras labores menores. Casi todos los negros de las novelas son pobres y pertenecen, en su mayoría, a los estratos más bajos de la pirámide social de la América española, donde se reservan los rangos más altos a los miembros blancos. Se diseña al afrohispanoamericano dentro de un medio lleno de prejuicios y discriminaciones que fomentan la codicia, el odio y otros vicios dolorosos, no sólo para los negros, sino para todos los integrantes de la sociedad.

Para combatir las fuerzas destructivas, el esclavo africano y los descendientes suyos van creando de nuevo y desarrollando para sobrevivir a lo largo de los siglos, diversas instituciones y costumbres que recuerdan al África tradicional. La novelística de este estudio revela la

facultad creadora de la comunidad negra, teniendo a la familia afrohispanoamericana como centro propagatorio de la cultura negra. En
este sentido merecen gran atención el lenguaje africano, la literatura
oral, la música, la religión, el arte culinario, el juego de recreo y la
artesanía.

En los primeros días de la empresa colonial los pasos del negro
fugitivo proveían la mocheta para los pueblos y las nuevas ciudades
de las tierras vírgenes de las Américas. Como sirviente doméstico, el
esclavo negro hacía toda clase de faenas para el hacendado: construía
casas, sembraba, cosechaba, realizaba actividades industriales como la
fabricación del jabón... Cuando era necesario, el esclavo servía al amo
como soldado, de la misma manera que su hermano contemporáneo
sirve a la nación en la defensa de la patria. La esclava hembra y el
esclavo varón servían para engendrar los hijos del amo que, con los
hijos blancos de éste, iban formando las nuevas generaciones de la
América española.

Muestran las novelas cuyo escenario es el siglo actual, poco avan-
ce en el camino hacia una vida mejor para los descendientes de los
esclavos africanos en Hispanoamérica. Ya están emancipados, pero todavía ocupan estos negros los rangos inferiores de la escala social. A
veces los negros de la época contemporánea comercian con los pueblos
indios para ganar dinero, pero los indios también son pobres como
ellos y no les toleran en sus comarcas por mucho tiempo. La colectividad negra que vive en la ciudad o en el campo de las Américas tiene
poco para comer como grupo. Les faltan oportunidades para ganar dinero suficiente y tienen poco éxito con los problemas de la dura realidad económica que confrontan cotidianamente.

Los afrohispanoamericanos que tienen una educación universitaria
o conservan los oficios e instituciones representativos de las tradiciones africanas, procuran ayudar al pueblo negro sirviéndole como maestros, médicos, consejeros espirituales o líderes de la protesta social. A
la vez, hay negros que conspiran contra su grupo étnico formando
alianzas con ciertos blancos para adelantar en posición económica.

Con frecuencia relativa, la materia novelística retrata a varios padres que se sienten orgullosos de un trabajo duro que les gana un
terreno del viejo hacendado. El deseo de dejar el terreno heredado a
los hijos llega a ser un sueño más de la comunidad negra, que se di-
suelve en sentimientos amargos o trae la muerte al perderlo a manos

de algún oficial deshonesto o de una compañía extranjera que busca
tierras para aumentar sus ganancias en la América española.
La codicia y el odio reinan en la sociedad hispanoamericana de
las novelas consideradas en este trabajo. Se manifiesta este mal como
un fenómeno que parece dirigir la vida de los negros, los blancos y
los indios de las Américas, penetrando el ambiente hasta tocar a los
individuos de todos los países del mundo con la guerra internacional.
La cronología de las novelas vuelve a siglos atrás, a la llegada de los
esclavos africanos, deteniéndose en su observación mientras labran las
tierras o luchan en las guerras contra España. En una época menos
remota se le sigue los pasos al soldado negro cuando sale de su país
para ligarse con el soldado de habla inglesa. En una tierra lejana encuentra la razón de odiar y matar a su prójimo oriental al ver al hermano latino muerto a su lado en la guerra coreana. Vuelve este soldado negro a la América española estéril y dueño de su propia miseria
y soledad, con el cerebro dañado por las drogas.
A pesar de todas estas fuerzas malignas, persisten también en la
sociedad hispanoamericana las fuerzas del bien, que siguen combatiendo los errores del pasado y el presente. En una nota más positiva, las
novelas presentan a la madre negra, el padre negro y todos los hijos
de la gran familia negra extendida. Todos los autores muestran el amor
de estos personajes, junto con el de varios otros miembros de la sociedad, como el factor que, a través de los siglos, nutre la sobrevivencia de los afrohispanoamericanos en el Nuevo Mundo.
Se ve la corriente espiritual de la religión tradicional de África
como el fenómeno más importante que ha servido al esclavo africano
y sus descendientes en su recreación de la cultura negra en las sociedades de la América española. Cargadas de préstamos a una larga
historia de tradiciones y costumbres de la madre patria, las novelas
explican muchas de las creencias del pueblo afrohispanoamericano fun-
dadas en la vieja ciencia empírica de las diversas filosofías y religiones
del África. En este sentido, a veces los autores consideran el pasado
como más importante que el presente o el futuro porque representa
miles de años de tesoros culturales para el pueblo africano.
Para el africano creyente la religión tradicional, así como para sus
descendientes de las tierras de la América española, el universo entero
es la creación de un solo Dios. Más aún, cada elemento dentro de la
creación, sea orgánico o inorgánico, posee algo del poder supremo de

Dios. Los muertos y otros espíritus también tienen ciertos poderes sobrenaturales y pueden ayudar o hacerle daño al individuo. Distinto al cristianismo de tipo católico que sitúa a Dios y a diversos santos en el más allá del cielo, el africano y sus descendientes creen que todos los personajes no humanos existen en la realidad cercana a ellos. Cuando es necesario, el afrohispanoamericano de esta novelística puede unirse al mundo espiritual y convertirse en un vehículo cósmico por donde fluyen las fuerzas potentes que conocían sus antepasados fundadores de los primeros pueblos de África.

Lleva la colectividad negra su religión por dentro, y tanto el bosque como un cuarto de una casa particular puede servirle como centro ritual. Son estas visiones especiales del mundo africano las que expresan el carácter vital del medio donde se mueven los negros en la novelística de los autores tratados.

Al incorporarse el esclavo africano y sus descendientes a la religión cristiana de las Américas, se produjeron determinados sincretismos entre el catolicismo y las creencias africanas. Por ejemplo, aunque el respeto por los santos era común a los dos grupos, el africano, que recordaba el mundo complejo de los orishas de la madre patria, tuvo que superimponer a los santos católicos ciertos rasgos de las divinidades africanas. Existían otros elementos sincréticos también. Uno muy importante era el que tenía que ver con el idioma español, que carecía de palabras para expresar los varios sentimientos o instituciones del hombre africano. En este estudio, Zapata Olivella presenta el problema del idioma como un fenómeno que todavía se manifiesta en el pueblo afrohispanoamericano de la actualidad.

Como las religiones tradicionales de África tocaban cada aspecto de la vida del hombre, no es extraño que la colectividad negra de la América española tenga en cuenta estas filosofías y costumbres en muchos detalles de su vida diaria. También se denuncia al clima perjudicial y discriminatorio como el fenómeno causante de que el pueblo hispanoamericano se contaminara con las fuerzas destructivas de la sociedad antes de alcanzar algún fin laudable.

En su esfuerzo por retratar al pueblo afrohispanoamericano, los autores presentan: 1) la familia y los miembros de la comunidad afrohispanoamericana que conservan y crean de nuevo tradiciones africanas; 2) la mujer y el hombre que sirven a la comunidad negra como consejeros espirituales; 3) el poder psíquico que utiliza el pueblo negro para unir las realidades físicas y espirituales; 4) las ciencias botánicas y las matemáticas que utilizan los curanderos y otros miembros de las sociedades secretas; 5) los individuos que fabrican los amuletos para combatir las fuerzas del mal; 6) las fórmulas secretas o mágicas que, como fuerzas catalíticas, abren las puertas al mundo desconocido; 7) el ritmo de la palabra, la danza y el tambor que vuela telepáticamente en su misión espiritual hacia las vastas fuerzas cósmicas, y 8) la literatura oral unida con el rito ceremonial.

Se expresa la actividad amorosa y sexual de los protagonistas por una variedad de sentimientos que también giran en torno a las fuerzas del bien y del mal. Se aprecia el amor de tipo altruista, donde los personajes principales combaten a las fuerzas del mal para mejorar la vida de todos los individuos de la sociedad hispanoamericana. Se manifiesta el amor sincero que se desarrolla entre dos amantes, si bien tampoco faltan sentimientos de tipo más carnal. Los autores registran la actividad amorosa o sexual del africano y sus descendientes con los miembros de la sociedad blanca e india.

Al responder a los instintos primarios, persistía en la memoria del esclavo el recuerdo de la ley fundamental de la sociedad ancestral que ordenaba el cumplimiento de la responsabilidad de procrearse para continuar la raza africana. Los autores presentan al amo como la persona que rige la vida sexual de sus esclavos, y su selección de la mulata como el personaje ideal para aumentar la población esclavizada fomenta sentimientos de hostilidad y celos entre el esclavo negro y su hermano mulato. Se observa el conflicto del mulato que comienza a considerarse como un miembro de la sociedad blanca y su confrontación con una realidad que le condena a la muerte por intentar conseguir el amor prohibido de la mujer blanca. Cuando tenía la suerte de engendrar un hijo, el mulato se entristecía ante la ley que decía que su prole era propiedad del amo. La mulata sufría, también, cuando veía que, con la edad, la piel clarita de su niño se nublaba hacia los tonos más oscuros del hermano negro porque sabía el destino de las personas que no podían pasar por blancas.

Para el soldado afrohispanoamericano ofrecía la guerra momentos de libertad cuando podía participar a su gusto en las relaciones sexuales que la sociedad normalmente le negaba. Terminada la actividad bélica, regresa este soldado a su propio país con la nueva esposa blanca pero ve la unión amenazada por el oficial blanco que le busca para hacer nulo el casamiento prohibido por su sociedad. A pesar de las dificultades, persisten los amores interraciales en todas las novelas de este estudio.

De acuerdo con sus preferencias literarias, cada autor emplea un estilo que ayuda al lector a comprender su creación. En todas las obras la realidad y la ficción se combinan para exponer una visión íntima del pueblo afrohispanoamericano. Como grupo, los autores presentan una novelística negrista que cubre los grandes momentos de la literatura nacional de la América española. Difícil es señalar la obra más importante de la investigación. Si *Matalaché* nos presenta la vida amarga del esclavo encadenado, salta la novela *Cumboto* con su evaluación del período colonial, que aprisionaba a todos como víctimas de un modo de vida especial. *Ecué-yamba-O, Juyungo* y *Chambacú* son importantes como novelas de la época contemporánea, porque los autores han sabido que era preciso considerar los errores del pasado para comprender los problemas de la actualidad. *Ecué-yamba-O,* sin embargo, ha sido la obra predilecta del estudio por presentar la síntesis de la religión y las ideas filosóficas del África tradicional como la base sobre la cual se establece y se desarrolla la cultura negra de las Américas.

Al terminar las novelas, el lector se da cuenta que los autores, en conjunto, han seleccionado una serie de circunstancias históricas difíciles para elaborar la vida de sus personajes con una materia literaria que, como advierte la obra de Alex Haley, sugiere preguntas que son casi imposibles de contestar. ¿Hay algún beneficio que el lector moderna pueda extraer después de considerar los temas de estas obras? ¿Escriben los autores con la idea de que las experiencias de los personajes ficticios elaborados por ellos ayuden al lector a entenderse a sí mismo y al prójimo?

Considerando el período tratado con una visión realista, no se sabe si la vida de los protagonistas pudiera haber sido distinta, pero cada lector sólo puede buscar las posibles soluciones desde su perspectiva particular. De gran valor, seguramente, es la presentación de los autores de lo que entienden como el punto de vista del grupo afrohispanoamericana que, hasta cierto punto, pertenece a una cultura ajena a la del mundo occidental, pero que, a la vez, ofrece el testimonio singular de un grupo étnico que forma parte indisoluble de la cultura universal. Así pues, este estudio representa una amplificación de perspectivas, y este hecho puede ayudar al lector a entender la complejidad de las civilizaciones del mundo y los elementos negativos y positivos de algunos vestigios de las tradiciones más antiguas en la historia del hombre.

BIBLIOGRAFÍA

AGUIRRE-BELTRÁN, GONZALO: *Cuijla: Esbozo etnográfico de un pueblo negro.* México: Fondo de Cultura Económica, 1958.
— «Influencias africanas en el desarrollo de las culturas regionales del nuevo mundo». *Sistemas de plantaciones en el mundo nuevo; estudios y resúmenes de discusiones celebradas en el seminario de San Juan, Puerto Rico.* N.º 7. Wash., D. C., Union Panamericana, 1960, 71-81.
ATKINS, JOHN: *Sex in Literature: The Erotic Impulse in Literature.* New York: Grove Press, 1972.
BARRETT, SAMUEL ALFRED: *The Cayapa Indians of Ecuador.* N.º 40. New York: Museum of The American Indian Heye Foundation, 1925.
BASTIDE, ROGER: *African Civilisations [sic] in the New World.* Trans. Peter Green. New York: Harper and Row, 1971.
BAYARD, FRANCK: «The Black Latin American Impact on Western Culture». *The Negro Impact on Western Civilization,* eds. Joseph S. Roucek y Thomas Kiernan. New York: Philosophical Library, 1970, 287-335.
BEKUMURU KUBAYANDA, J.: «The Linguistic Core of Afro-Hispanic Poetry: An African Reading», *Afro-Hispanic Review,* Washington, D. C. Afro-Hispanic Institute, Vol. 1, N.º 3 (Sep., 1982), 21-26. See also *Afro-Hispanic Review* (Sept., 1984).
BERSHADSKY, RUDOLPH: «Atlantis». Trans. David Skvirsky. *On the Track of Discovery.* Ser. 2 Moscow: Progus, 1964, 151-183.
BRAGHINE, ALEXANDER: *The Shadow of Atlantis.* London: Rider, 1938.
BROWN, ROBERT: «La aculturación lingüística del negro en la América Latina». Conferencia. University of the District of Columbia, Wash., D. C., October, 1976.
BUTCHER, VEDA: «African Music». Conferencia. Howard University, Wash., D. C., July, 1968.
BUENO, SALVADOR: «El negro en *El Periquillo Sarniento:* Antirracismo de Lizardi». *Cuadernos Americanos,* México, CLXXXIII, N.º 4 (julio-agosto, 1972), 124-139.
BURNS, E. BRADFORD: *Latin America: A Concise Interpretative History.* Englewood Cliffs: Prentice Hall, 1972.
CABRERA, LYDIA: *El monte.* Miami: Ediciones Universal, 1971.
— *Otan Iyebiye: Las piedras preciosas.* Miami: Ediciones Universal, 1971.
CARPENTIER, ALEJO: *Ecué-yamba-O.* Buenos Aires: Editorial Xanadú, 1968.
CARVALHO-NETO, PAULO DE: *Estudios afros.* Caracas, Venezuela: Universidad Central de Venezuela, 1971.
CLARKE, JOHN HENRIK: «The Impact of the African on the New World-A

Reappraisal». *Black Scholar,* Sausalito, Calif., The Black World Foundation, Vol. 4, N.º 5 (February, 1973), 32.

CLEGG, LE GRAND H.: «The Beginning of the African Diaspora: Black Men in Ancient and Medieval America?», *Current Bibliography on African Affairs,* Farmingdale, New York, Baywood Pub. Co., N.ºs 11-12 (November-December, 1969), 13-32, 13-34.

COBB, MARTHA K.: «Africa in Latin America: Customs, Culture Literature». *Black World,* Chicago, Johnson Pub. Co., 21, N.º 10 (August, 1972), 4-19.

COMAS, JUAN: «Latin América». *International Social Science Journal,* París, UNESCO, XIII, N.º 2 (1961), 271-299.

COVARRUBIAS, MIGUEL: *Arte indígena de México y Centro América.* México: Universidad Nacional Autónoma de México, 1961.

CYRUS, STANLEY: *El cuento negrista sudamericano.* Quito, Ecuador: Editorial Casa de la Cultura Ecuatoriana, 1973.

DAVIDSON, BASIL: *African Kingdoms.* New York: Basil Davidson and Editors of Time Life Books, 1971.

DECOSTA, MIRIAM, Ed.: *Blacks in Hispanic Literature: Critical Essays.* Port Washington: National University Publications, 1977.

DEFLEUR, MELVIN L. et al.: *Sociology: Human Society.* Glenview: Scott Foresman, 1973.

DEGLER, CARL N.: *Neither Black nor White: Slavery and Race Relations in Brazil and the United States.* New York: Macmillan, 1971.

DÍAZ, OSWALDO: *El negro y el indio en la sociedad ecuatoriana.* Bogotá, Colombia: Ediciones Tercer Mundo, 1978.

DÍAZ SÁNCHEZ, RAMÓN: *Cumboto: cuento de siete leguas.* Santiago, Chile: Editorial Universitaria, 1967.

DIOP, CHEIKA ANTA: *The African Origin of Civilization: Myth or Reality.* Trans. Mercer Cook. New York: Lawrence Hill, 1974.

Divine Drumbeats: Catherine Dunham and her People. WETA, Television 26, Wash., D.C. Dirs, Merrill Brockwell and Catherine Todge. April 16, 1980.

FREYRE, GILBERTO: *The Masters and the Slaves.* New York: Alfred A. Knopf, 1956.

GABLER, ROBERT E. et al.: *Essentials of Physical Geography.* New York: Holt, Rinehart and Winston, 1977.

Génesis 44:1-5: *The Holy Bible,* «King James Version». New York: World Pub. Co., 1949.

GIRARD, RAFAEL: *El esoterismo del Popol-Vuh.* México: Ediciones Stylo, 1948.

— *El Popol-Vuh, fuente histórica.* Guatemala, Centro América: Editorial del Ministerio de Educación Pública, 1952.

GÓMEZ-GIL, ORLANDO: *Historia crítica de la literatura hispanoamericana.* New York: Holt, Rinehart and Winston, 1968.

GONZÁLEZ ECHEVARRÍA, ROBERTO: *Alejo Carpentier: The Pilgrim at Home.* Ithaca: Cornell University Press, 1977.

GONZÁLEZ DE MENDOZA, J. M. y MIGUEL ÁNGEL ASTURIAS: *El libro del consejo*. México: Universidad Nacional Autónoma de México, 1964.

GONZÁLEZ-WHIPPLER, MIGENE: *Santería*. New York: Julian Press, 1973.

GRANT, VERNON H.: «Sexual Love». *The Encyclopedia of Sexual Behavior*. Eds. Albert Ellis and Albert Abarbanel. New York: Hawthorn Books, 1967, 646-656.

HALEY, ALEX: *Roots*. Garden City: Doubleday & Co., 1976.

HANSBERRY, WILLIAM LEO: «Ancient Kush, Old Aethiopia and the Balad es [sic] Sudan». *Journal of Human Relations*, Wilberforce, Ohio, Central State University, 8, N.ᵒˢ 3-4 (Spring-Summer, 1960), 357-387.

HAYES, FLOYD W.: «The African Presence in America: A Bibliographical Essay», *Black World*, Chicago, Johnson Pub. Co. (July, 1973), 4-22.

HERKSKOVITS, MELVILLE J.: *The Myth of the Negro Past*. Boston: Beacon Press, 1958.

HUNTER, MILTON R. and STUARD THOMAS: *Ancient America and the Book of Mormon*. Oakland: Kolob, 1950.

HYATT-VERRILL, ALPHEUS: *Old Civilizations of the New World*. Indianapolis: Bobbs-Merrill, 1929.

JACKSON, JOHN G.: *Ethiopia and The Origin of Civilization: A Critical Review of the Evidence of Archaeology, Anthropology, History and Comparative Religion-According to the Most Reliable Sources and Authorities*. New York: The Blyden Society, 1939.

JACKSON, RICHARD L.: «La presencia negra en la obra de Rubén Darío», *Revista Iberoamericana*, Pittsburgh, University of Pittsburgh, Vol. 33, N.º 63 (January-June, 1967), 395-417.

— *The Black Image in Latin American Literature*. Albuquerque: University of New Mexico Press, 1976.

JAIRAZBHOY, RAFIQUE A.: *Ancient Egyptians and Chinese in America*. Totowa: Rowman and Littlefield, 1974.

JOHNSTON, BASIL: *Ojibway Heritage*. New York: Columbia University Press, 1976.

LARRAINZAR, D. MANUEL: *Si eciste [sic] el origen de la historia primitiva de México en los monumentos egiptos, y el de la historia primitiva del antiguo mundo en los monumentos americanos*. México: Imprenta de Ignacio Cumplido (1865).

LORAND DE OLAZAGASTI: «Mulata de tal». *Homenaje a Miguel Ángel Asturias*. Ed. Helmy F. Giacoman. Long Island City: Las Américas, sin fecha.

LÓPEZ ALBÚJAR, ENRIQUE: *Matalaché*. Lima: Casa Editorial Mejía Baca y Villanueva, 1968?

MARÍN, DIEGO y ÁNGEL DEL RÍO: *Breve historia de la literatura española*. New York: Holt, Rinehart and Winston, 1966.

Mayas y Olmecas. Segunda Reunión de Mesa Redonda sobre Problemas Antropológicos de México y Centro América, 27 abril 1942. Tuxtla Gutiérrez, Chiapas, México, 1942.

MBITI, JOHN S.: *African Religions and Philosophy.* Garden City: Doubleday, 1969.

MCCLEAR, MARGARET: *Popol-Vuh: Structure and Meaning.* Madrid: Editorial Playor, 1973.

MC CONNELL, R. A.: «ESP and Credibility in Science». *Dimensions of Psychology: Introductory Readings.* Ed. Gale B. Bishop. Philadelphia: J. B. Lippincott, 1972.

MELGAR, JOSÉ M.: «Estudio sobre la antigüedad y el origen de la cabeza colosal de tipo etiópico que existe en Huvyapam, del Cantón de los Tuxtlas». *Boletín de la sociedad de geografía y estadística,* México, Imprenta de Cumplido, III (1871), 104-109.

MEMEL-FOTE, HARRIS: «The Perception of Beauty in Negro African Culture». *First World Festival of Negro Arts: Colloquium on Negro Art.* París, France: Editions Presence Africaine, 1968, 45-65.

MORALES OLIVER, LUIS: *Africa en la literatura española.* Madrid: Instituto de Estudios Africanos, 1964.

Museum of Fine Arts. *The Olmec Tradition.* Houston: Museum of Fine Arts, 1963.

NISBET, ROBERT A.: *The Social Bond.* New York: Alfred A. Knopf, 1970.

NOBLES, WADE W.: «African Philosophy: Foundations for Black Psychology», *Black Psychology.* Ed. Reginald Jones. New York: Harper and Row, 1972, 18-32.

OKPAKU, JOSEPH: *New African Literature and the Arts.* New York: Thomas Y. Crowell, 1970.

OROZCO Y BERRA, MANUEL: *Historia antigua y de la conquista de México.* México: Imprimido por orden del Supremo Gobierno de la República Mexicana, 1880.

ORTIZ, ADALBERTO: Entrevista. Howard University, Wash., D. C., April, 1978.

— *Juyungo: historia de un negro, una isla y otros negros.* Barcelona, Salvat Editores, 1971.

— «La negritud en la cultura latinoamericana». *Expresiones Culturales del Ecuador,* Quito, Ecuador, I (junio, 1972), 10-45.

PALACIOS, MARIO L.: *La cultura olmeca.* México: Instituto Indigenista Interamericano, 1965.

PALMER, COLIN: *Slaves of the White God: Blacks in Mexico, 1570-1650.* Cambridge: Harvard University Press, 1976.

PARRINDER, GEOFFREY: *African Mythology.* New York: Paul Hamlyn, 1967.

— *African Traditional Religion.* Westport: Greenwood Press, 1970.

PERICOT-GARCÍA, LUIS et al.: *Prehistoric and Primitive Art.* New York: Marry N. Abrams, 1967, 81-97.

PESCATELLO, ANN M., Ed.: *The African in Latin America.* New York: Alfred A. Knopf, 1975.

RADCLIFFE-BROWN, ALFRED R. and DARYLL FORDE: *African Systems of Kinship and Marriage.* New York: Oxford University Press, 1953.

RAFINESQUE, SAMUEL: «The Primitive Black Nations of America». *Atlantic Journal and Friend of Knowledge: A Cyclopedic Journal and Review of Universal Science and Knowledge: Historical, Natural, and Medical Arts and Science: Industry, Agriculture, Education and Every Kind of Useful Information*. Philadelphia, Samuel Rafinesque Publisher, I, N.º 3 (September, 1832), 85-86.

REINERT, JEANNE: «Secrets of the People of the Jaguar». *Science Digest,* New York, The Hearst Corp., N.º 62 (July-December, 1967), 6-12.

RÍO, ÁNGEL DEL: *Historia de la literatura española*. 2 Vols. New York: Holt, Rinehart and Winston, 1963.

RIVA PALACIO, VICENTE: *México a través de los siglos*. México: Sin casa editorial, 1889.

ROGERS, J. A.: *Africa's Gift to America*. New York: Helga M. Rogers, 1961.

ROUT, LESLIE B.: *The African Experience in Spanish America: 1502 to the Present Day*. New York: Cambridge University Press, 1976.

SOROKIN, PITIRIM A.: «Altruistic Love». *The Encyclopedia of Sexual Behavior*. New York: Hawthorn Books, 1967, 641-645.

STAPLES, ROBERT: *Introduction to Black Sociology*. New York: McGraw-Hill, 1976.

USLAR PIETRI, ARTURO: *En busca del nuevo mundo*. México: Fondo de Cultura Económica, 1969.

VAN OVER, RAYMOND, Ed.: *Taoist Tales*. New York: New American Library, 1973.

VAN SÉRTIMA, IVAN: *They Came Before Columbus*. New York: Random House, 1976.

— «Nile Valley Presence in Ancient America B. C.», *Journal of African Civilizations,* Africana Studies Department, Beck Hall Rutgers University, New Brunswick, N. J. 08903, Vol. 6, N.º 2 (Nov., 1984), 221-246.

WEINER, LEO: *Africa and the Discovery of America*. 3 vols. Philadelphia: Innes and Sons, 1922.

WHITTEN, NORMAN E. and JOHN F. SZWED, Eds.: *Afro American Anthropology: Contemporary Perspectives*. New York: The Free Press, 1970.

— *Black Frontiersmen: A South American Case*. Cambridge: Schenkman, 1974.

WILLIAMS, CHANCELLOR: *The Destruction of Black Civilization: Great Issues of a Race from 4500 B. C. to 2000 A. D.* Dubuque: Kendall Hunt, 1971.

WUTHERNAU, ALEXANDER VON: *Unexpected Faces in Ancient America: The Historical Testimony of Pre-Columbian Artists: 1500 B. C. - 1500 A. D.* New York: Crown Publishers, 1975.

ZAPATA OLIVELLA, MANUEL: *Chambacú: corral de negros*. Medellín, Colombia: Editorial Bedout, 1967.

— «La religión de los negros de la América española». Conferencia. Howard University, Washington, D. C., February, 1, 1976.

— «La religión del negro africano». Conferencia. Howard University, Washington, D. C., February, 18, 1976.
— «Problemas de identidad del negro latinoamericano». Conferencia. Howard University, Washington, D. C., March, 1, 1976.
ZENON CRUZ, IZABELO: *Narciso descubre su trasero: el negro en la cultura puertorriqueña.* Humacao, Puerto Rico: Editorial Furidi, 1975.

EDITORIAL PLIEGOS

OBRAS PUBLICADAS

colección pliegos de ensayo

La narrativa de Carlos Droguett, Teobaldo A. Noriega.

El teatro de Alonso Remón, Ven Serna López.

La Fuente Ovejuna de Federico García Lorca, Suzanne W. Byrd.

Aproximación histórica a los Comentarios Reales, Raysa Amador.

Valle Inclán: Las comedias bárbaras, Lourdes Ramos-Kuethe.

Tradición y modernidad en la poesía de Carlos Germán Belli, W. Nick Hill.

José Díaz Fernández y la otra generación del 27, Laurent Boetsch.

En torno a la poesía de Luis Cernuda, Richard K. Curry.

Naturalismo y espiritualismo en la novelística de Galdós y Pardo Bazán, Mariano López-Sanz.

Espejos: la estructura cinemática en La traición de Rita Hayworth, René A. Campos.

En el punto de mira: Gabriel García Márquez, varios autores.

Idea y representación literaria en la narrativa de René Marqués, Vernon L. Peterson.

El primer Onetti y sus contextos, María C. Milián-Silveira.

La novela negrista en Hispanoamérica, Shirley M. Jackson.

La dialéctica del amor en la narrativa de Juan Valera, Carole J. Rupe.

La obra de Macedonio Fernández: una lectura surrealista, Flora H. Schiminovich.

Autonomía cultural: de Emerson a Martí, José C. Ballón.

La narrativa anarquista de Manuel Rojas, Darío A. Cortés.

El modo épico en José María Arguedas, Vincent Spina.

La jerarquía femenina en la obra de Pérez Galdós, Daría J. Montero-Paulson.

Cervantes y Borges: la inversión de los signos, Lelia Madrid.

Lo neofantástico en Julio Cortázar, Julia G. Cruz.

Estética y mitificación en la obra de Ezequiel Martínez Estrada, Juan Manuel Rivera.

colección pliegos de poesía

Canto del paso, Francisco Andras.

Candela viva, Teobaldo A. Noriega.

Bronces dolientes, Venus Lidia Soto.

colección pliegos de narrativa

La resurrección de las tataguayas, Diosdado Consuegra.